LE
DUC D'AUMALE

ET
L'ALGÉRIE

PAR

RENÉ DE GRIEU

> « Toutes places où l'on peut servir
> « la France sont bonnes, et celle
> « où l'on fait le plus de sacrifices
> « pour le pays est véritablement
> » la première. »
>
> Duc d'Orléans
>
> (*Campagnes de l'armée d'Afrique.*
> Avant-propos pages 11 et 12.)

PARIS

BLÉRIOT et GAUTIER, LIBRAIRES-ÉDITEURS

55, QUAI DES GRANDS-AUGUSTINS, 55

LE DUC D'AUMALE

ET L'ALGÉRIE

LE
DUC D'AUMALE
ET L'ALGÉRIE

PAR

René de GRIEU

> Toutes places où l'on peut servir
> la France sont bonnes, et celle
> où l'on fait le plus de sacrifices
> pour le pays, est véritablement
> la première.
>
> Duc d'Orléans.
>
> (*Campagnes de l'armée d'Afrique,*
> Avant-propos, pages 11 et 12.)

PARIS

BLÉRIOT ET GAUTIER, LIBRAIRES-ÉDITEURS

55, QUAI DES GRANDS-AUGUSTINS, 55

—

1884

A

S. A. R. MONSEIGNEUR LE DUC D'AUMALE

MONSEIGNEUR,

Je prends la respectueuse liberté de déposer ce livre aux pieds de V. A. R.

Le talent m'a manqué, sans doute, pour retracer dignement vos exploits et les actes de votre administration en Algérie, mais j'ai conscience d'avoir fidèlement rappelé le passé.

Puisse V. A. R. trouver dans ces glorieux souvenirs de sa jeunesse un adoucissement aux tristesses du présent.

Puisse-t-Elle aussi ne pas désespérer de l'avenir et attendre avec confiance l'heure prochaine, où le pays se souviendra que les Princes de la MAISON DE FRANCE *sont ses premiers et ses meilleurs serviteurs.*

Daignez agréer,
  Monseigneur,
l'hommage de mon profond respect.

    RENÉ DE GRIEU.

INTRODUCTION

Un décret du 23 février 1883 a mis en non activité par retrait d'emploi, trois officiers de l'armée française : un général de division ; un colonel de chasseurs à cheval et un capitaine d'artillerie.

Nous ne discuterons ni la valeur ni la légalité de ce décret.

L'état révolutionnaire, dans lequel nous vivons, explique tout ce que l'on se permet aujourd'hui contre les propriétés et contre les personnes.

Les trois officiers frappés par le gouvernement sont Princes et descendent des Rois qui, pendant de longs siècles, ont régné sur la France : voilà leur crime.

Dans le temps où nous vivons, on n'hésitera pas à mettre notre armée, composée de gens d'honneur, sous les ordres d'un homme peu soucieux d'engagements sacrés pris avec l'ennemi ; mais on n'admettra pas qu'un prince puisse porter l'épaulette.

Où trouver cependant de plus vaillants soldats que le duc d'Aumale, le duc de Chartres et le duc d'Alençon ?

Respectueux observateurs des lois, ils ne demandaient qu'à vivre en France au même titre que les autres citoyens.

La République devait s'enorgueillir de voir les héritiers d'une race royale recevoir des emplois de son gouvernement et servir la patrie sous son drapeau.

Elle les a repoussés, sans raison, par haine du passé, alors même que le passé c'était la gloire.

Nous n'entreprendrons point de faire le panégyrique des princes que le décret du 23 février a voulu atteindre. Nous tenterons seulement de rappeler les états de services du plus connu d'entre eux, du plus élevé en grade, de celui que vise plus particulièrement la colère des jacobins.

La carrière de M. le duc d'Aumale s'est

faite tout entière en Afrique. C'est en Afrique qu'il a conquis ses grades ; c'est en Afrique, dans les provinces de Tittery et de Constantine qu'il a fait le dur apprentissage du commandement, avant d'être appelé au gouvernement général de l'Algérie.

C'est donc à cette terre d'Afrique, où se sont formés tant d'illustres officiers, que nous irons demander si le duc d'Aumale est bien vraiment un soldat ou seulement un général d'ancien régime.

Nous regrettons que le cadre de cette étude ne nous permette pas d'esquisser les traits des premiers généraux de la conquête qui se nommaient Bugeaud, Changarnier, Lamoricière et Bedeau, figures martiales, au milieu desquelles apparaît, si animée et si française, la physionomie du jeune prince.

Nous nous proposons surtout de prouver que le duc d'Aumale, par sa brillante conduite sur le champ de bataille, et sa profonde connaissance des affaires d'Algérie, avait mérité de recueillir la lourde succession du maréchal Bugeaud.

L'histoire doit sans doute se montrer sévère

à l'égard des princes ; elle a le droit de leur demander s'ils ont su se rendre dignes du rang où le hasard de leur naissance les a placés, mais rien ne la dispense, quand elle s'occupe d'eux, d'être juste dans ses arrêts.

Ni les mesures violentes, ni les décrets à l'aide desquels on les frappe et on les proscrit, ne modifieront son jugement.

CHAPITRE PREMIER

APERÇU HISTORIQUE
DES DIX PREMIÈRES ANNÉES DE LA CONQUÊTE

Sommaire : — Le Parlement français partisan de l'occupation *dite restreinte*. — Situation de l'Algérie après l'expulsion des Turcs. — Abd-el-Kader. — Traité conclu entre l'Emir et le général Desmichels (février 1834). — Abd-el-Kader recommence la guerre, la Macta (juin 1835). — Le maréchal Clausel en Afrique, combats du Sig et de l'Habrah (décembre 1835). — Prise de Mascara et de Tlemcen. — Projets du maréchal; opposition qu'il rencontre à Paris, — Le général d'Arlanges à la Tafna, désastre de Sidi-Yacoub (avril 1836). — Bugeaud en Afrique, victoire de la Sikkak (6 juillet 1836). — Première expédition de Constantine (novembre 1836). — Le maréchal Clausel est rappelé. — Deuxième expédition de Constantine (octobre 1837). — Paix de la Tafna. — Le maréchal Valée, gouverneur général, organise le pays occupé. — L'Emir se prépare à la guerre et cherche à soulever les populations du Djurjura. — Expédition des Portes-de-Fer. — La guerre est déclarée. — M. le duc d'Orléans et M. le duc d'Aumale en Algérie. — L'Affroun, Mouzaïa, Médeah, retour des princes en France. — Le général Bugeaud succède au maréchal Valée. — Retour du duc d'Aumale, lieutenant-colonel du 24e de ligne. — Ravitaillement de Médéah et de Milianah. — Expéditions contre Tagdempt et Mascara, Boghar et Thaza. — Le duc d'Aumale tombe malade, il ramène en France le 17e léger. — Parcours de Marseille à Paris de ce régiment. — Attentat de Quenisset (13 octobre 1841).

Nous étions depuis dix ans en Afrique, lorsque M. le duc d'Aumale y vint pour la première fois.

Après cette période assez longue, il s'en

fallait cependant que nous eussions fait la conquête de l'Algérie tout entière.

Une entreprise aussi considérable n'avait d'ailleurs tenté personne au début, ni le gouvernement, ni les pouvoirs publics.

Pendant les quatre premières années, de 1830 à 1834, on s'était même demandé s'il ne serait pas préférable de retirer nos troupes et d'abandonner les quelques points occupés sur les bords de la mer.

Lorsqu'en 1834, le Parlement eut enfin décidé qu'on resterait en Afrique, il fut bien compris que nous garderions seulement quelques villes sur le littoral : Alger, Oran, Arzew, Mostaganem, Bône et Bougie, et l'étroit espace compris aux environs d'Alger entre le cap Matifou, Koleah et le pied de l'Atlas (juillet 1834). On ne pouvait à ce moment faire mieux ni davantage : l'état intérieur de la France et la défiance mal dissimulée de l'Europe s'y opposaient également ; l'opinion publique n'était d'ailleurs nullement préparée à favoriser de plus vastes desseins.

Beaucoup d'hommes politiques et de généraux regrettaient même la détermination prise par le Gouvernement et les Chambres, car elle devait, pensaient-ils, nous coûter un grand nombre de braves soldats sans profit pour la France.

D'autres, partisans de l'occupation dite *restreinte*, eussent considéré la conquête de tout le pays comme une périlleuse et folle aventure. Ils supposaient que notre armée, réduite à vingt et un mille hommes, n'aurait aucune peine à se faire respecter sur ses positions, et qu'un peuple à demi sauvage, sans chef et sans discipline, serait facilement contenu à nos avant-postes.

Ils se trompaient, nous devions l'apprendre bientôt à nos dépens.

Les populations indigènes répandues sur tout le territoire de l'Algérie, avaient autrefois supporté fort impatiemment le joug des Turcs chassés par nous après la prise d'Alger.

Les Kabyles installés sur les hautes montagnes du petit Atlas qui s'étend à quelques lieues des côtes et traverse l'ancienne régence dans touté sa largeur, n'avaient jamais cessé d'être indépendants.

Il en avait été de même des tribus nomades disséminées dans les régions avoisinant le désert. Seuls, les Arabes plus sédentaires qui se tenaient dans des fermes, aux environs des villes, et dans des villages de tentes (douars) sur le versant méridional de la première chaîne de montagne, étaient devenus bon gré mal gré les sujets du dey d'Alger.

Celui-ci avait divisé ses états en quatre provinces : Alger, Oran, Constantine et Tittery. Chaque province, placée sous l'autorité de beys relevant directement du Dey, avait été partagée à son tour en aghalichs, kalifats, kaïdats, et scheikats, confiés à des aghas, à des kalifas, à des kaïds et à des scheiks, nommés ou agréés par les Turcs.

Mais après la chute d'Hussein-dey, en 1830, ces indigènes s'étaient pour la plupart affranchis de toute suzeraineté.

Nous ne devions point sans doute rencontrer de tous côtés la même hostilité, mais nulle part nous ne pouvions compter sur les bons offices de nos voisins.

Le bey de Constantine, toujours maître de sa province, se gardait de prendre l'offensive.

Quelques bataillons avaient pu s'emparer de Bône (1832) sans qu'il s'en préoccupât ; mais il nous attendait tranquillement dans son palais, bien certain que, si nous cherchions à le renverser, nous viendrions nous briser contre les rochers formidables qui avaient résisté à Jugurtha.

Dans les provinces de Tittery et d'Alger, malgré de brillantes expéditions, nous ne pouvions compter sur la fidélité des indigènes. Plusieurs tribus, et notamment celle des Hadjoutes, ramassis d'aventuriers et de bandits, se pressaient autour de nos lignes de défense, ne rêvant que massacre et pillage.

Toutefois dans ces deux dernières provinces les attaques de nos ennemis, mal combinées et mal conduites, ne pouvaient sérieusement compromettre la sécurité de nos possessions. Le courage et le dévouement de nos soldats devaient, dans une certaine mesure, suppléer à leur nombre.

A l'ouest, il n'en était pas de même et nous allions nous trouver bientôt de ce côté, en face d'une armée nombreuse, dirigée par un chef énergique et digne de se mesurer avec nos plus habiles généraux.

Après le débarquement des Français, Hassan, bey de la province d'Oran, ne pouvant plus se faire obéir des Arabes qui avaient profité de l'occasion pour se révolter contre lui, s'était jeté entre nos bras.

Sa soumission nous permit d'occuper Oran, Arzew et Mostaganem. Notre action ne put toutefois s'étendre au delà, et tout le reste du pays fut livré à la plus affreuse anarchie.

Mais bientôt le besoin d'ordre et de sécurité se faisant sentir, les tribus cherchèrent à s'unir pour réprimer les désordres que l'absence d'autorité laissait impunis.

Alors parut un homme auquel de grandes destinées avaient été prédites, et qui était capable, à force d'intelligence, de patience et d'audace, de restaurer à son profit la monarchie arabe.

Fils du marabout Mohhy-ed-din, Abd-el-Kader, né vers 1806 aux environs de Mascara, avait passé sa jeunesse en pieux pèlerinages. Après avoir visité les grandes villes d'Arabie et d'Égypte, il était revenu vers 1828 habiter le village de tentes où vivait son père.

Sa piété, ses vertus et l'éloquence vive et entraînante dont il était doué ne tardèrent pas à le faire remarquer de ses coreligionnaires.

Choisi par un certain nombre d'entre eux pour combattre les factions qui désolaient la contrée, il se fit aussitôt le champion de la foi religieuse. Il comprit dès la première heure que, pour réunir sous l'autorité d'un chef unique les tribus disséminées de tous côtés, rivales entre elles, souvent en guerre les unes contre les autres, il fallait réveiller leur haine commune des chrétiens. Il savait que tous le suivraient aveuglément, si c'était une guerre sainte qu'il leur proposait d'entreprendre.

A peine eut-il quelques centaines d'hommes à ses ordres qu'il marcha sur Oran où se tenait une garnison française (1832).

Dans ce premier engagement, on le vit constamment aux endroits les plus périlleux. Seul, en avant des siens, il se promenait au pas de son cheval, bravant les balles et les boulets qui tombaient autour de lui.

Son sang-froid et son courage frappèrent

vivement l'imagination des Musulmans. En le voyant invulnérable on le crut volontiers invincible, et de nombreuses recrues vinrent se joindre à ses premiers partisans. Bientôt il devint l'âme de toutes les insurrections et le chef incontesté du peuple arabe dans l'ouest de l'Algérie.

Le général Desmichels, qui commandait à Oran, reçut l'ordre de négocier avec lui. On espérait l'amener à faire respecter nos possessions en reconnaissant son autorité sur un vaste territoire.

Abd-el-Kader se trouva ainsi, de notre aveu, le maître de tout le pays compris entre la rive gauche du Chéliff et le Maroc. (Février 1834.)

Le chef arabe, aussitôt, établit fortement son pouvoir dans ses États.

Mascara (la ville des soldats) devint la capitale de son empire; des kalifats, des kaïds et des scheiks à sa dévotion furent chargés d'administrer en son nom les outhans (circonscriptions), les tribus et fractions de tribus installées dans son nouveau royaume; les indigènes, qui refusèrent de le recon-

naître pour leur souverain, furent traqués,
dépouillés de leurs biens, chassés du pays ou
mis à mort; les populations reçurent des
lois; l'impôt fut réglé, l'ordre rétabli, une
armée régulière fut créée.

Abd-el-Kader, pour rehausser le prestige
de son pouvoir, avait adopté le titre d'Émir,
qui répond à celui de prince; il avait appris
d'Européens ennemis de la France, l'art de la
guerre et les principales notions de tactique
militaire.

Tout fut mis en œuvre pour ne rien laisser
au hasard et prévenir les effets de revers
possibles.

Des arsenaux furent établis dans les principales villes de l'intérieur et notamment à
Mascara; enfin toutes les richesses et toutes
les ressources du nouveau sultan furent cen-
tralisées à la limite du désert, dans des places
de refuge, sur des points inabordables.

Ces dispositions prises, Abd-el-Kader franchit le Cheliff et souleva les tribus de la
province d'Alger, puis il revint du côté
d'Oran et reprit les hostilités en poursuivant
de ses vengeances deux tribus qui nous

avaient juré fidélité. Un de nos meilleurs généraux, le brave Trézel s'étant porté au secours de nos alliés, fut attiré hors de nos lignes. Avec deux mille hommes il dut subir le choc de quinze mille Arabes et fut vaincu. (La Macta, 25 juin 1835.)

Ce succès rendit l'Émir tout-puissant; les tribus des provinces d'Alger et de Tittery s'allièrent à lui, bien convaincues qu'il suffirait d'un faible effort pour nous chasser à tout jamais de l'Afrique.

A la nouvelle de ce désastre, la France s'émut, des renforts furent envoyés et bientôt le maréchal Clausel, dont le nom rappelait aux Arabes de cuisants souvenirs, leur infligeait de rudes échecs, sur les bords du Sig, puis dans les bois de l'Habrah. (Sud d'Oran, décembre 1835.)

Mgr le duc d'Orléans, prince royal, qui faisait partie de cette expédition, se distingua tout particulièrement en ces deux affaires.

L'Émir abandonné des tribus qui ne le suivaient que victorieux, réunit ses fidèles réguliers et s'éloigna de Mascara où il ne pouvait se maintenir.

Le maréchal, après avoir détruit les approvisionnements de toute nature qui se trouvaient dans cette ville, marcha sur Tlemcen (trente lieues sud-ouest d'Oran), et y entra dans les premiers jours de janvier 1836.

Le capitaine Cavaignac et six cents hommes furent chargés de garder cette place ; un camp placé à l'embouchure de la Tafna, en face de l'île de Rachgoun, devait permettre de les ravitailler.

A ce moment le gouverneur général, persuadé qu'on ne vaincrait la résistance des Arabes qu'en s'installant résolument au milieu d'eux, projetait d'établir des camps retranchés dans chaque province, et de masser sur des points déterminés des colonnes mobiles, susceptibles de se porter partout où leur présence serait utile. Il demandait pour exécuter ce plan trente-cinq-mille hommes de bonnes troupes ; on les lui refusa.

Dans le Parlement on suivait d'un œil inquiet les événements d'Afrique ; on blâmait les expéditions de Tlemcen et de Mascara, et on se plaignait que le maréchal eût porté la guerre dans l'intérieur du pays.

On l'avait envoyé sans doute pour venger la défaite de la Macta, mais on eût voulu qu'il attendît l'ennemi sous les murs d'Oran et qu'il pût le châtier sans s'éloigner du rivage.

Abd-el-Kader cependant profitant de notre inertie, ne tarda pas à remporter un nouveau succès.

Le général d'Arlanges, après avoir, suivant l'ordre du maréchal, installé un camp à l'embouchure de la Tafna, voulut porter des vivres à Tlemcen. L'Émir lui barra la route avec des forces considérables. (Sidi-yacoub, avril 1836.)

Accablé comme Trézel par le nombre de ses adversaires, d'Arlanges se retira sur le bord de la mer et s'y cramponna avec une énergie désespérée jusqu'à ce que la France l'envoyât débloquer.

Pendant ce temps Cavaignac et ses soldats, sans pain et presque sans vêtements, se demandaient avec angoisse si la Patrie les oubliait.

Quelques régiments partirent en toute hâte du port de Toulon.

Le général Bugeaud, chargé de les conduire, était membre de la Chambre des députés.

Bien que peu favorable à l'idée de faire de l'Afrique une colonie française, il était de tous nos hommes de guerre le plus capable de diriger les prochaines opérations.

Soldat du premier Empire, il avait appris en Espagne que l'audace et la ruse font toute la science militaire dans un pays où chaque pli de terrain cache une embuscade, où l'ennemi fond à l'improviste sur son adversaire, le fatigue, le harcèle et l'use en détail sans jamais se laisser entamer.

A peine débarqué sur le rivage de la Tafna, 5 juin 1836, Bugeaud prit un grand parti.

Il renvoya en France les canons de campagne, les prolonges d'artillerie et tous les bagages que nos colonnes avaient cru jusqu'alors indispensable de traîner à leur suite.

Dégagé ainsi de ce qui eut entravé sa marche, il alla prendre à Oran les approvisionnements nécessaires au ravitaillement de Tlemcen, franchit les hautes montagnes de l'Atlas et fit deux fois, en quelques jours, le trajet de Tlemcen à la Tafna.

L'Émir, que tant de promptitude et d'habileté déconcertait, contraint bientôt d'accepter une bataille rangée, fut vaincu sur les bords de la Sikkak. (6 juillet 1836.)

Cependant l'opinion ne se modifiait pas dans les régions gouvernementales au sujet de l'Algérie.

C'en était assez que nos soldats fussent vengés et on repoussait avec un véritable effroi les idées du maréchal Clausel sur l'occupation du pays.

Revenu en Afrique vers le milieu de 1836, pendant que Bugeaud était aux prises avec Abd-el-Kader, le gouverneur général voulut du moins soumettre la province de Constantine.

Les populations de cette partie de l'Algérie ne s'étaient point mêlées à la lutte contre nous, et il semblait que nous pourrions aisément nous établir au milieu d'elles, aussitôt que le bey de Constantine aurait été chassé du chef-lieu de la province.

Le maréchal n'obtint point de renforts

pour cette expédition et il dut l'entreprendre à ses risques et périls. Il échoua.

La concentration des troupes se fit à Bône en octobre 1836 ; la saison était défavorable ; beaucoup de soldats prirent les fièvres et moururent avant d'entrer en campagne ; d'autres tombèrent épuisés de fatigues et de privations sur le chemin de Bône à Constantine.

L'armée devait compter huit mille hommes ; il en restait à peine trois mille lorsqu'on arriva devant la place, construite sur des rochers escarpés, et ne tenant pour ainsi dire à la terre ferme que par un isthme étroit.

Après quelques engagements très vifs on dut revenir en arrière. La retraite, une des plus héroïques du siècle, s'opéra dans les conditions les plus difficiles, et il fallut toute l'énergie du vieux capitaine, qui, en 1812, au lendemain de Salamanque, avait sauvé l'armée de Portugal, pour arracher ses soldats aux horreurs de l'hiver et à la poursuite des Arabes. (Novembre 1836.)

L'année suivante la France envoya une

nouvelle armée devant Constantine : mais cette fois, notre artillerie fit brèche dans le rempart et nos soldats purent s'emparer d'une citadelle réputée imprenable.

La victoire pourtant fut chèrement disputée ; chaque rue était couverte de barricades, chaque maison crénelée et garnie de défenseurs. Un grand nombre de soldats et surtout d'officiers français tombèrent glorieusement, frappés par des ennemis qui tous avaient juré de mourir plutôt que de se rendre.

Le général de Damrémont, commandant en chef l'expédition, renversé par un boulet, avait trouvé lui-même la mort au pied des murailles, la veille de l'assaut.

Il n'avait pas été donné au maréchal Clausel de réparer son échec ; après la première expédition de Constantine on l'avait relevé de ses fonctions.

Son crime cependant n'était pas d'avoir été vaincu. « Le maréchal Clausel a été rappelé, disait M. Guizot (séance du 22 avril 1837), non parce qu'il a été malheureux, mais parce qu'il était en Afrique le représentant du système d'occupation universelle et guerroyante ; occupation militairement organisée sur tous les points importants de la Régence. »

Les Chambres françaises ne cessaient, en effet, de conseiller aux ministres du roi la politique la plus pacifique en Algérie.

« Je suis convaincu, s'écriait M. Thiers quelques jours avant la Sikkak (séance du 9 juin 1836), que si vous aviez définitivement vaincu l'Émir, il accepterait la paix. Je suis même certain qu'il la souhaite aujourd'hui et que dès qu'il n'aura plus l'espoir de vous battre ou de vous faire abandonner Alger, par dégoût ou par découragement il traitera avec vous. »

Après la victoire du général Bugeaud, Abd-el-Kader accueillit en effet les propositions qui lui furent faites ; mais ce n'était ni par dégoût ni par découragement.

Il lui fallait réparer ses forces, rallier son armée dispersée et relever son prestige affaibli par la défaite. Une trêve lui était nécessaire, il traita.

Loin d'ailleurs d'accepter nos conditions,

il imposa les siennes ; il fut même exigeant. Peu nous importait, nous voulions en finir, et aucun sacrifice ne devait nous répugner.

On rendit Mascara où le maréchal Clausel était entré après les combats du Sig et de l'Habrah ; Tlemcen où six cents des nôtres avaient connu pendant de longs mois les horreurs de la faim ; et nos soldats, la rage au cœur, durent arracher du rempart le drapeau qui seul, pendant les mortelles heures de l'isolement, leur avait rappelé la France.

L'empire d'Abd-el-Kader s'étendit désormais, grâce au traité de la Tafna (30 juin 1837), des frontières du Djurjura à celles du Maroc.

A ce prix l'Émir nous laissa quelques villes sur le littoral et le territoire situé entre le mer, la Chiffa, l'Atlas et la Kabylie ; il renonça à toute prétention sur la province de Constantine bien qu'il se promît, *in petto*, de nous y créer des embarras.

Enfin il se reconnut notre vassal ; vaine satisfaction qu'il dut trouver piquant d'accorder à notre orgueil national, après nous avoir dicté ses volontés.

Personne en Afrique ne s'illusionna sur la durée de la paix.

Le traité conclu entre l'Émir et le général Bugeaud ne devait en effet marquer qu'un temps d'arrêt, entre « la guerre mal faite, non par la faute des généraux, mais par la faute de ressources suffisantes, » et la guerre résolument conduite jusqu'à la complète soumission de l'Algérie.

Le maréchal Valée, gouverneur de nos possessions depuis la prise de Constantine, profita du répit qui lui était imposé pour fortifier ses positions. Des travaux de défense furent exécutés par nos soldats à Blidah, au pied de l'Atlas; à Bouffarick, au milieu de la Métidja; et à Koleah, à l'ouest d'Alger. Des camps retranchés furent établis dans la plaine pour permettre aux colons de s'aventurer dans le Sahel; des routes furent créées, des ponts jetés sur les rivières; des casernes et des hôpitaux s'élevèrent; des arsenaux furent installés en divers endroits.

Dans la province de Constantine, l'œuvre de pacification qui devait précéder celle de la colonisation, fut confiée aux généraux Négrier et Galbois, qui s'acquittèrent avec succès de leur mission, comme nous le verrons plus loin.

De son côté l'Émir poursuivit avec une grande vigueur et une énergie souvent cruelle l'accomplissement de ses desseins.

Pendant qu'il sacrifiait à la haine des Arabes les Turcs restés dans les villes de Milianah et de Médéah et en ordonnait le massacre, il travaillait à rendre à son peuple la mobilité qui faisait sa force. Son empire fut transformé en un vaste camp où chaque homme était soldat, et devait se tenir prêt à partir au premier signal.

Les villes se dépeuplèrent et le territoire occupé par les Français ne contint bientôt plus qu'un petit nombre de tribus restées fidèles. Le reste, attiré par la puissance fascinatrice de l'Émir, se rangea sous son obéissance. Seul le marabout Tedjini, habitant l'oasis d'Aïn-Mady à l'extrémité sud de la province

d'Oran, refusa de le reconnaître pour son su-
zerain et de payer l'impôt. Abd-el-Kader vint
assiéger Aïn-Mady et resta six mois devant
cette place avant de la forcer à capituler.
Tedjini abandonna momentanément l'oasis;
il gardait son indépendance, mais il était désormais incapable de porter ombrage à celui
qui rêvait la puissance suprême en Algérie.

Au retour de cette expédition (janvier
1839), l'Émir se rendit dans les montagnes
du Djurjura, cherchant à exciter les Kabyles
contre nous afin de nous envelopper d'ennemis de tous côtés.

Le maréchal Valée répondit à cette inso-
lente provocation par l'expédition des Portes
de Fer. Trois mille hommes, commandés par
Mgr le duc d'Orléans, se rendirent (octobre
1839) de Constantine à Alger et parcoururent
un pays où nulle armée encore ne s'était ha-
sardée.

On devait, en effet, pour pénétrer dans la
province d'Alger, traverser la vaste agglomé-
ration de montagnes, inaccessible du côté de
Constantine, qui forme la chaîne du Djurjura.

Un seul passage s'offrait à nos troupes,

c'était le lit creusé dans le roc par le petit cours d'eau, l'oued Biban, alors à sec. Deux hommes pouvaient à peine s'y tenir de front. A droite et à gauche des rochers à pic surplombaient, et il suffisait de quelques Arabes munis de pierres pour arrêter toute une armée.

Les trois mille hommes du prince royal mirent quatre heures à traverser le fameux défilé des *Portes de Fer*, et il fallut autant de bonheur qu'on avait eu d'audace pour sortir sans encombre de cette périlleuse entreprise.

A la nouvelle de ce fait d'armes Abd-el-Kader ouvrit les hostilités.

Sur son ordre, les beys de Milianah et de Médéah, conduits par les Hadjoutes, envahirent la Métidja. Les colons et les petits corps de troupes isolés dans la plaine furent massacrés.

Une terreur panique gagna promptement Alger où l'on se crut à la veille d'un investissement.

Le maréchal Valée, un peu surpris par cette attaque, réunit à la hâte quelques bataillons et marcha sur l'ennemi. Il le rencontra non

loin des ravins de l'Oued-el-Kébir entre Blidah et la Chiffa et le mit en fuite.

La guerre était déclarée.

Le maréchal reçut de nouveaux renforts
qui portèrent l'effectif total de notre armée
d'Afrique au chiffre de 58,000 hommes : soit
33,000 dans la province d'Alger et 25,000
dans les autres provinces.

Mgr le duc d'Orléans, rentré en France
après l'expédition des Portes de Fer, revint
prendre le commandement de sa division.

Sa présence ranima le courage des colons;
l'armée le reçut avec enthousiasme.

M. le duc d'Aumale, chef de bataillon du
4e léger, accompagnait son frère en qualité
d'officier d'ordonnance.

Le jeune prince, né le 16 janvier 1822, avait
à peine dix-huit ans, et quittait le camp
de Fontainebleau où il avait obtenu ses premiers grades.

Le corps expéditionnaire réuni à Blidah,
douze lieues au sud d'Alger, dans le commencement de mars 1840, comprenait deux
divisions et une réserve. Mgr le duc d'Orléans
commandait la première division; M. le gé-

néral de Rumigny l'autre. Le maréchal s'était attribué la réserve. On devait tout d'abord s'emparer de Médéah et de Milianah, et y installer des garnisons.

Mais avant de s'engager dans la montagne, le gouverneur voulut chasser du pays à l'ouest de la Chiffa, limite de nos possessions d'après le traité de la Tafna, les tribus qui tant de fois avaient inquiété nos avant-postes.

Le 27 avril l'armée franchit la Chiffa. Mgr le duc d'Orléans marchait en tête avec sa division. Laissant à sa droite des collines boisées d'où le colonel de Lamoricière devait débusquer les Hadjoutes, il alla prendre position en avant d'un lac nommé Alloulah. A sa gauche s'étendait la Métidja. Cette immense plaine était traversée, en cet endroit, par l'Ouedjer et le Bou-Roumi, sortis tous deux du pied des hauteurs de l'Affroun, et qui, après avoir suivi assez longtemps un cours parallèle, réunissaient leurs eaux un peu à l'est du lac Alloulah, pour aller ensemble se jeter dans la Chiffa.

Le général de Rumigny, qui suivait le duc d'Orléans, vint s'installer au confluent de l'Ouedjer et du Bou-Roumi. Le maréchal avec la réserve, appuyait le mouvement du colonel de Lamoricière et complétait l'enlacement du repaire des Hadjoutes ; mais déjà ceux-ci avaient disparu et nos soldats ne trouvèrent dans les bois que quelques gourbis abandonnés auxquels on mit le feu.

Vers quatre heures du soir, au moment où le corps expéditionnaire tout entier était réuni non loin du lac Alloulah, la cavalerie du kalifa de Milianah, Sidi Embarech, déboucha par la gorge de l'Ouedjer et se développa parallèlement au flanc gauche de l'armée [1].

Le maréchal ordonna aussitôt un à-gauche en bataille et étendit le front de l'armée de manière à déborder l'ennemi par les ailes. Le général de Rumigny se porta à la coupure de la Chiffa, la colonne Lamoricière et la réserve formèrent le centre de l'armée. Mgr le duc d'Orléans était à l'aile droite. Devinant les intentions du général en chef, il s'avance vers l'Ouedjer et à peine à portée de l'ennemi, il envoie le duc d'Aumale prescrire au 1er régiment de chasseurs d'Afrique de

1. Rapport du Maréchal Vallée, 27 mai 1840.

charger. Le jeune prince qui voit le feu pour la première fois, tire son sabre, part au galop, transmet l'ordre et fond sur les Arabes à la tête d'un escadron.

Électrisés par son exemple, nos cavaliers rejettent promptement l'ennemi sur la rive droite de l'Ouedjer et le forcent à chercher un refuge sur les sommets de l'Affroun.

Le centre et l'aile gauche de l'armée chassent à leur tour vers le même point tout ce qui se trouve devant eux.

Après avoir reconnu la position, le maréchal reprend l'offensive.

Cavaliers et fantassins escaladent vivement des hauteurs qui semblaient inaccessibles; les Arabes, abordés à l'arme blanche, sont bientôt culbutés sur le versant méridional de l'Affroun, dans la vallée du Bou-Roumi.

L'armée passa plusieurs jours dans les environs de la Chiffa, à attendre des renforts demandés à Oran et à recueillir les approvisionnements nécessaires à l'occupation de Médéah.

Le 11 mai on se dirigea vers la ferme de Mouzaïa, située entre la Chiffa et l'Affroun, et on y établit un camp retranché.

Médéah se trouvait à trois lieues au delà de ce poste, au pied de la chaîne du petit Atlas.

Pour y arriver, il fallait franchir le col de Mouzaïa dont le chemin, bordé à droite par des précipices, était dominé sur la gauche par des hauteurs à pic qui se dressaient sur ce point en forme d'amphithéâtre.

Le chef arabe occupait cette position redoutable et y avait multiplié les travaux de défense : il avait construit un fort tout à fait à gauche sur la cime la plus élevée de l'Atlas ; garni de retranchements les crêtes et le flanc de la montagne ; installé des redoutes sur les arêtes longeant la route et placé des batteries sur le col. Toutes ses troupes régulières étaient réunies autour de lui pour prendre part à une lutte qui promettait d'être acharnée. (Voir le rapport du maréchal Valée, du 27 mai 1840.)

La division d'Orléans, chargée de s'emparer du col de Mouzaïa, quitta le camp le 12 mai à quatre heures du matin, se dirigeant vers un plateau situé au pied même des pentes les plus escarpées.

Arrivé sur ce point, le prince divisa ses

troupes en trois colonnes. La première, conduite par le général Duvivier, avait l'ordre
de se porter tout à fait à gauche et de s'emparer du grand pic de Mouzaïa. La deuxième,
commandée par M. de Lamoricière, était
chargée d'occuper les crêtes.

Ces deux colonnes devaient ensuite se réunir et marcher vers le col, pendant que la
troisième colonne, dirigée par le général
d'Houdetot, l'attaquerait de front par la
route. Le quartier général se tenait au milieu
de la troisième colonne.

A midi et demi, Mgr le duc d'Orléans donna
le signal de l'attaque. « Allons, enfants,
s'écria-t-il, les Arabes nous attendent et la
France nous regarde. »

La première colonne s'élança aussitôt aux
cris de : *Vive le roi!* et se mit à gravir le flanc
des rochers, s'accrochant aux saillies, aux
arbustes et aux broussailles. Elle parvint
ainsi tout près des retranchements, pro-
tégée par un nuage qui couvrait à ce moment la partie supérieure de la montagne.
Mais bientôt, le soleil chassant le brouillard,
on aperçut de toutes parts, l'armée arabe,

immobile et silencieuse, épiant le moment de nous jeter dans le précipice.

La lutte s'engagea par un feu terrible de mousqueterie; tous les retranchements furent successivement enlevés et la colonne arriva au pied du grand piton, pris lui-même d'assaut après une lutte corps à corps avec l'ennemi.

La deuxième colonne parvint à son tour sur les crêtes malgré une très vive fusillade, au moment où la première colonne venait de s'emparer du grand pic. Les deux brigades se dirigèrent alors vers le col sous les ordres du général Duvivier.

Pendant ce temps la troisième colonne s'avançait par la route.

Les Arabes essayèrent vainement de l'arrêter avec leur artillerie; deux pièces de campagne les obligèrent bientôt à cesser le feu.

Le Prince royal chargea un bataillon du 23ᵉ de ligne de s'emparer des redoutes qui couronnaient la route et s'élança en avant avec les deux autres bataillons, pour arriver au sommet de la montagne en même temps que le général Duvivier.

M. le duc d'Aumale qui se trouvait près de son frère, voyant que le colonel Gueswiller suivait difficilement une course aussi rapide, se jeta à bas de son cheval et força le colonel à le prendre. Pour lui, il courut à la tête des grenadiers et pénétra le premier, l'épée à la main, dans la dernière redoute qu'il s'agissait d'enlever sur le col.

Les Arabes alors s'enfuirent de tous côtés dans le plus grand désordre.

Deux jours plus tard on entrait à Médéah ; le maréchal Valée plaça deux mille hommes dans cette ville et reprit le chemin d'Alger.

Ce retour ne s'effectua pas sans difficultés. Abd-el-Kader attaqua notre arrière-garde sur un terrain défavorable à nos troupes ; le colonel Bedeau soutint bravement le choc avec le 17ᵉ léger et l'émir dut bientôt renoncer à nous poursuivre.

Le 21 mai, les troupes rentraient à Blidah et reprenaient leurs cantonnements.

Les deux princes revinrent en France.

Tels furent les débuts de M. le duc d'Aumale en Algérie.

Cité à l'ordre du jour pour sa conduite à

l'Affroun et à Mouzaïa, il reçut en arrivant à Paris, la croix de chevalier de la légion d'honneur. (Ord. du 10 juin 1840.)

Élevés comme de simples citoyens, les princes d'Orléans n'avaient trouvé dans leur berceau, ni les épaulettes de général de division, ni le grand cordon de la légion d'honneur.

Après leur départ, le maréchal entreprit l'expédition de Milianah (trente lieues sud-ouest d'Alger, au pied du djebel Milianah, près du Cheliff); cette ville fut occupée dans le courant de juin 1840.

A ce moment la guerre d'Afrique entrait dans une nouvelle phase. Les illusions de la France étaient tombées ; on ne songeait plus à négocier, mais à vaincre.

Au mois d'octobre 1840, par suite d'événements que nous n'avons pas à rappeler ici, un nouveau ministère avait été constitué.

Ce ministère, débarrassé des difficultés qui avaient entouré les premières années de la monarchie de Juillet, en possession pour une période assez longue de la confiance du roi et des chambres, éclairé par l'expérience du passé, allait pouvoir s'occuper avec fruit et avec suite de la question d'Afrique.

Son parti fut pris dès la première heure ; il résolut de poursuivre un double but : établir solidement notre domination sur le peuple arabe et faire de l'Algérie un établissement français.

Pour atteindre ce résultat, il fallait un homme énergique, entreprenant, infatigable, et le maréchal Valée était bien vieux, bien souffrant, bien indécis surtout pour des opérations qui demandaient autant d'initiative et de décision que d'habileté ; on choisit pour le remplacer celui des généraux français qui, le premier, avait saisi le système de guerre le mieux approprié au pays et au caractère de l'ennemi que nous avions à combattre.

Dès 1836, en effet, le général Bugeaud avait prouvé, suivant la propre expression de l'É- mir, que, rusé comme le renard, il était aussi brave que le lion.

C'était donc lui qu'il convenait de désigner comme notre champion dans ce duel acharné entre deux hommes et entre deux races. On ne lui ménagea ni les ressources, ni les soldats.

On lui donna quatre-vingt mille hommes et on plaça sous ses ordres des officiers déjà illustres, tels que Bedeau, Lamoricière et Changarnier.

Pendant sept années le gouvernement, qui l'avait nommé, ne cessa de le soutenir devant les Chambres, de couvrir ses actes et d'en revendiquer pour lui seul la responsabilité.

C'était ainsi que, fidèle au pacte constitutionnel et au régime parlementaire, la monarchie pouvait concevoir des entreprises considérables et les mener à bien.

Le général Bugeaud devait, en effet, justifier la confiance du gouvernement, dominer ses lieutenants par son rare bon sens et son expérience de la grande guerre, et réaliser presque de point en point le vaste programme qui lui avait été imposé.

Arrivé à Alger dès le commencement de 1841, il se préoccupa d'abord d'assurer la sécurité des provinces de Tittery et d'Alger, et de faciliter le ravitaillement des garnisons de Médéah et de Milianah, en affranchissant des incursions arabes le territoire qui nous séparait de ces places.

Il devait ensuite prendre l'offensive contre Abd-el-Kader dont il importait de ruiner le crédit dans la province d'Oran ; frapper chemin faisant les tribus rebelles et détruire les places de refuges où l'Émir avait réuni toutes ses ressources ; Tagdempt, Boghar et Thaza.

M. le duc d'Aumale, nommé lieutenant colonel au 24° de ligne en garnison à Alger, reçut l'ordre de rejoindre son corps au moment de la reprise des opérations.

On connaît la lettre dans laquelle le prince annonce son arrivée au gouverneur général.

Elle a été publiée récemment dans un ouvrage remarquable et d'un très grand intérêt[1].

Nous n'en reproduirons qu'un seul passage pour montrer comment le fils du roi comprenait le métier des armes.

Paris, 25 février 1841.

. . . .

« Je vous prierai, mon général, de ne m'épargner ni fatigues ni quoique ce soit. Je suis jeune et robuste et, en vrai cadet de Gascogne,

1. Le maréchal Bugeaud, par H. d'Ideville ; 3 vol. chez Firmin Didot.

il faut que je gagne mes éperons. Je ne vous demande qu'une chose, c'est de ne pas oublier le régiment du duc d'Aumale quand il y aura des coups à recevoir et à donner.

« Agréez...

« HENRI D'ORLÉANS. »

« Vous ne voulez pas être ménagé, mon prince, lui répondit le général Bugeaud, je n'en eus jamais la pensée. Je vous ferai votre juste part de fatigues et de dangers; vous saurez faire vous-même votre part de gloire. »

M. le duc d'Aumale débarqua le 19 mars à Alger.

Deux jours plus tard le nouveau lieutenant-colonel, reconnu et acclamé par le 24ᵉ de ligne, en prit le commandement et le fit manœuvrer avec un aplomb et une précision remarquables.

Connaissant ses devoirs, attaché à les remplir, plein d'entrain dans ses relations avec ses campagnons d'armes, il conquit promptement l'estime et l'affection de tous.

En voyant dans sa personne cette réunion si brillante de toutes les qualités militaires, les officiers qui gagnaient bravement leurs grades à la pointe de l'épée, ne s'étonnaient pas que

3.

le prince eût une place à part sur le tableau d'avancement.

La présence d'un fils du roi était considérée alors comme un honneur; elle augmentait l'émulation déjà si remarquable de l'armée d'Afrique; le général Bugeaud, peu courtisan de sa nature et rigoureux dans le service, voyait même dans cette présence *un gage de succès*. (Lettre au prince du 6 mars 1841.)

Il suffisait à tous que chaque nouveau grade accordé au prince fût légitimé par sa conduite sur le champ de bataille, et justifié par une solide instruction militaire.

Le gouvernement devait donner au duc d'Aumale l'occasion de se distinguer.

En retraçant les épisodes de la conquête d'Algérie, où paraît le nom du prince, nous verrons comment il en profita.

La campagne du printemps 1841 commença par le ravitaillement de Médéah.

Une colonne, dont faisait partie le 24e de ligne, se dirigea le 25 mars vers cette ville et y entra sans combattre.

Suivant sa tactique habituelle, Abd-el-Kader nous attendait au retour. Un corps nombreux de cavaliers vint fondre sur nos soldats, non loin du bois des Oliviers, entre Médéah et le Col. (1er avril.)

Le duc d'Aumale reçut l'ordre d'arrêter l'ennemi. Trois bataillons des 24e, 28e et 48e réunis sous son commandement, jettent aussitôt leurs sacs et chargent à la baïonnette.

Les Arabes refoulés dans un ravin sont fusillés de très près ; il en périt un grand nombre. (Rapport du général Bugeaud, 12 avril 1841.)

La colonne put ensuite rentrer à Alger sans être de nouveau inquiétée.

Quelques jours plus tard (10 avril), un frère aîné du duc d'Aumale, M. le duc de Nemours, débarquait en Algérie et prenait le commandement de l'une des divisions chargées de ravitailler Milianah.

M. le duc de Nemours n'était pas un nouveau venu. En 1836, il avait partagé les épreuves du soldat lors de la première expédition de Constantine ; l'année suivante, de retour avec notre armée au pied des murailles de la même ville, il avait commandé l'avant-garde au moment de l'assaut.

L'expédition projetée par le général Bugeaud devait lui offrir une occasion nouvelle de donner des preuves de son courage et de ses talents militaires.

L'Émir avait réuni six mille Kabyles sur les montagnes dominant Milianah et massé quinze mille cavaliers dans la plaine du Chéliff.

Bugeaud ne pouvait leur opposer que huit mille hommes. Il s'avança cependant contre eux et après avoir simulé une retraite, pour attirer l'ennemi hors de ses positions, il reprit une vigoureuse offensive. La déroute des Arabes fut complète (3 mai). A l'aile gauche de l'armée, où commandait le duc de Nemours, le choc fut plus terrible que sur les autres points, le prince donna bravement de sa personne et chargea à la tête du 24ᵉ de ligne, régiment du duc d'Aumale.

Au retour de cette campagne, le général Bugeaud divisa son armée en deux colonnes. L'une, placée sous ses ordres, se dirigea vers Tagdempt, place forte de l'Émir, sur la rive droite de la Mina, affluent du Chéliff, s'en empara et la détruisit; elle gagna ensuite

Mascara que le général de Lamoricière fut chargé d'occuper et revint par Mostaganem.

L'autre colonne, conduite par le général Baraguey-d'Hilliers, avait pour mission de prendre les deux autres places de l'Émir : Boghar et Thaza. (Sud et sud-ouest de Médéah.)

Le duc d'Aumale, avec son régiment, faisait partie du corps Baraguey-d'Hilliers.

Le 18 mai, la division quittait Blidah; elle arrivait à Médéah dès le lendemain et y restait toute la journée du 20. C'était la fête de l'Ascension.

Le service divin fut célébré en présence de toutes les troupes. L'autel, formé de quatre tambours, avait été placé sous un berceau de feuillage au centre du camp. A la fin de la messe, le prêtre chanta le *Domine salvum*, accompagné par la musique du 53e de ligne.

Cette scène, dans sa simplicité touchante, dut fortement émouvoir les Arabes.

Sur cette terre où depuis de longs siècles Mahomet régnait en maître, ils voyaient en effet s'élever les autels de la religion maudite, et ils entendaient des guerriers d'une autre race qu'eux rendre hommage à Dieu, et, sur le seuil du désert, prier pour la patrie et pour le roi.

Deux ans plus tard (en 1843), sur ce même point de l'Algérie, une ancienne mosquée sera convertie en temple chrétien et le duc d'Aumale, commandant la province de Tittery, inaugurera, avec ses soldats, la nouvelle église de Saint-Henri de Médéah.

Le 21 mai la colonne Baraguey-d'Hilliers se remit en marche; le 23 elle était à Boghar, mais l'Émir, impuissant à défendre cette place l'avait livrée aux flammes.

La division se rendit alors à Thaza qui déjà, elle aussi, avait eu le sort de Boghar. Cette courte campagne, conduite avec une grande rapidité, ne fut pas meurtrière, mais les marches furent longues et pénibles, et M. le duc d'Aumale tint à honneur d'en supporter toutes les fatigues. Pendant les dix-neuf heures de marche qui séparent Thaza de Gueltat-Zerga, il ne cessa d'être à pied à la tête du 24e. (Rapport de Baraguey-d'Hilliers, 4 juin 1841.)

Chargé à plusieurs reprises de ravitailler Médéah et Milianah, le prince s'acquitta avec

succès de ces missions difficiles et souvent
périlleuses.

Ces diverses expéditions avaient altéré sa
constitution ; le *Cadet de Gascogne* avait bravement gagné ses éperons, mais il avait trop
présumé de ses forces, il tomba malade.

On résolut alors de le rappeler, et pour
récompenser son zèle et son activité on lui
confia le soin de ramener en France, avec le
grade de colonel, un des plus vaillants régiments d'Afrique, le 17e léger.

Est-il besoin de dire avec quel enthousiasme fut accueilli sur tout son parcours de
Marseille à Paris, ce corps qui, depuis 1835,
avait fait partie des expéditions de Mascara,
de Tlemcen et de la Tafna ; qui s'était battu
à la Sikkak, avait pris part au siège et à
l'assaut de Constantine, au passage des Portes-
de-Fer, au combat de l'Affroun, à la prise du
Tenyah de Mouzaïa, et qui avait eu successivement pour chefs les colonels Corbin,
Combes et Bedeau.

On se portait également avec une respectueuse sympathie au-devant de ce colonel de
dix-neuf ans, dont les traits amaigris prou-

vaient qu'il n'avait pas fait la guerre en grand seigneur, mais en soldat.

A Marseille (31 juillet), dans un banquet offert par la Chambre de commerce, le général Sébastiani porta ce toast:

« Au colonel du 17e léger, au jeune prince qui vient de donner des preuves d'intelligence et de courage qui feraient honneur à un officier consommé. *L'armée le voit avec orgueil dans ses rangs !* »

A Lyon, un mois plus tard, car le régiment s'achemine à pied vers la capitale, le duc d'Aumale est acclamé par toute la population sans distinction de partis. Vingt mille personnes se pressent dans le quartier de la Croix-Rousse, si agité et si turbulent à certains jours, au moment où il va visiter quelques établissements industriels.

Les pompiers font la haie et s'efforcent de lui frayer un passage du côté d'un gymnase militaire ; il les remercie, et leur dit en souriant: « Je suis tous les jours avec les militaires, laissez-moi un peu avec les ouvriers. » (*Moniteur* du 29 août.)

A Mâcon, Lamartine, l'adversaire poli-

tique de la royauté de Juillet, celui-là même
qui doit plus tard travailler à sa chute, vient
lui présenter le Conseil général et lui adresse
ce discours :

« La France aime l'égalité, voilà pourquoi
elle honore en vous cette fraternité du champ
de bataille qui s'établit par la vertu de sa
constitution entre le fils du laboureur et le
fils du trône.

« Dans la démarche que nous faisons près
de vous, il y a plus que du respect pour votre
rang, il y a de l'estime pour votre personne.

« Vous venez de servir votre pays, il gran-
dit tout ce qui le sert.

« A Paris vous serez un prince, ici vous
êtes un soldat. Daignez reporter aux braves
que vous commandez l'expression de l'estime publique pour cette admirable armée
qui, au milieu des agitations inséparables de
la liberté, n'a pas fait une faute en dix ans et
qui ne manquera jamais aux lois ni à la
gloire. »

Le prince répondit :

« Je remercie vivement le Conseil général
de sa démarche et des belles et nobles paroles

que M. de Lamartine vient de faire entendre. Dans sa bouche, elles ont un prix de plus, comme expression des sentiments d'un corps aussi imposant dans le pays et d'un département dont les vertus guerrières sont appréciées dans l'armée. Oui, je me glorifie de n'être que le camarade de ceux que j'ai l'honneur de commander et de servir le pays avec eux : Il est bien vrai que rien ne m'est plus cher que les grades que j'ai eu le bonheur d'obtenir en Afrique.

« Je reporterai à mon régiment tout ce que le Conseil général me dit de si flatteur pour moi, de si juste pour lui.

« Vous ne vous trompez pas sur mes sentiments en croyant que je serais moins fier d'être reçu en prince qu'en soldat. »

Quelques jours plus tard, à Arnay-le-Duc, un de nos plus illustres généraux, Changarnier, vient à son tour saluer le colonel du 17e léger.

« J'ai la confiance de connaître l'armée d'Afrique, s'écrie-t-il, et je puis dire que le duc d'Aumale, qui a noblement suivi les traces de ses aînés, emporte les regrets, l'estime profonde et l'affection sincère de cette armée à laquelle le lieront toujours tant de glorieux souvenirs. »

Voilà ce que pensent du jeune prince ses supérieurs hiérarchiques et les adversaires de sa famille.

Ces jugements si fermes, si sûrs et dont l'autorité est irrécusable, l'histoire les ratifiera.

Le duc d'Aumale cependant continuait sa route, gagnant les sympathies de tous ceux qui l'approchaient, ou trompant l'ennui des longues étapes par quelque saillie toute gauloise et révélant le petit-fils de Henri IV. C'est ainsi qu'en passant devant le *clos Vougeot*, une des gloires de notre vieille Bourgogne, il fit battre aux champs et que le régiment tout entier défila en présentant les armes.

Le 13 septembre enfin on arriva à Paris.

Le prince royal et le duc de Nemours, venus au-devant de leur frère, se tenaient derrière lui au moment où, à la tête de son régiment, il pénétrait dans la capitale.

La population parisienne fit au prince et à

ses compagnons d'armes le plus chaleureux accueil.

Elle était fière de se mêler à ces braves soldats qui avaient couru tant de dangers et revenaient avec des visages hâlés par le soleil, des uniformes usés et des étendards en lambeaux.

Les cris de : Vive le roi ! vive le duc d'Aumale ! vive le 17ᵉ léger ! éclataient de toutes parts. Il semblait que l'enthousiasme fût universel et que tous, indistinctement, fussent heureux de s'associer à cette manifestation vraiment nationale.

Il n'en était point ainsi cependant ; certains partis ne désarment pas, même dans ces moments où, entre eux et l'objet de leur haine, devrait s'interposer l'image de la Patrie heureuse et triomphante ; quelques démagogues s'indignaient qu'un fils de roi pût suivre avec tant d'éclat la carrière des armes et conquérir si rapidement ses grades. Un scieur de long, Quenisset, s'était chargé, en leur nom, de mettre un terme à ce que, dans le milieu politique où il vivait, on regardait sans doute comme un scandale.

Au moment où le prince débouchait par la rue Saint-Antoine, Quenisset s'avança et déchargea sur lui son pistolet à bout portant.

Par un hasard heureux le cheval du colonel Levaillant, qui marchait près de celui du duc d'Aumale, releva la tête à ce moment, reçut le coup et tomba foudroyé.

En un instant Quenisset fut entouré et fort maltraité par une foule indignée. Les princes eux-mêmes durent intervenir pour protéger l'assassin.

Le duc d'Aumale, peu ému du danger qu'il venait de courir, ne put se défendre d'un mouvement d'orgueil, et se tournant du côté du prince royal : « Il paraît qu'on commence à me compter pour quelque chose, lui dit-il en souriant, puisqu'on veut me tuer. »

Après un moment d'émotion, le régiment reprit sa marche vers les Tuileries.

Le roi était monté à cheval; entouré du roi des Belges, du prince de Saxe Cobourg, du duc de Montpensier, du maréchal Soult et des Ministres, il attendait le 17° léger dans la cour du château, sous le pavillon de l'Horloge. La reine, la reine des Belges, la duchesse de Nemours, la princesse Adélaïde, la princesse Clémentine occupaient le balcon de la salle des Maréchaux.

La grille à côté de la porte du Carrousel s'ouvrit enfin; un jeune homme s'élança au galop d'un cheval arabe. C'était le duc d'Aumale. Le roi le reçut avec effusion et le serra dans ses bras. (*Débats.*)

Pendant ce temps le régiment se rangeait sur deux lignes par un mouvement rapide et silencieux; après avoir été passé en revue, il se dirigea vers Neuilly où l'attendait une grande fête militaire et à laquelle il prit part tout entier.

L'attentat du 13 septembre causa dans le pays une impression profonde, et il n'est pas sans intérêt de citer à cette occasion l'appréciation d'un journal qui ne passait point pour l'un des plus fermes soutiens de la monarchie de Juillet.

« Le plus stupide fanatisme, s'écriait le *Siècle*, ne pouvait trouver un prétexte de haine contre un jeune prince étranger aux partis, aux systèmes et aux discussions politiques ; qui ne s'était fait connaître que par l'ardeur généreuse avec laquelle il avait cherché l'occasion de servir le pays en Afrique, et par la convenance pleine de modestie dont il avait fait preuve en reportant sur l'ancien colonel du 17e léger tous les hommages qui lui étaient rendus. »

(Extrait du *Siècle*, cité par le *Moniteur* du 15 septembre 1841.)

CHAPITRE II

SOMMAIRE : — Expédition dans les montagnes de l'Ouarensenis. — Le duc d'Aumale est nommé commandant supérieur de la province de Tittery. — Description de cette province. — Première expédition contre le kalifa de l'émir Ben-Allel-Embarek ; prise de sa kasma (janvier 1843). — Deuxième expédition dans le nord-est contre les Beni-Djaad et les Nezlioua (mars 1843). — Troisième expédition contre les Ouled-Allane et les Adaoura (avril). — Quatrième expédition contre la smalah d'Abd-el-Kader; prise de la smalah (16 mai 1843).

Le prince ne revint en Algérie que vers la fin de 1842.

A ce moment les choses avaient changé de face. Plusieurs expéditions avaient permis d'occuper définitivement Mascara et de soumettre un certain nombre de tribus de la province d'Oran.

L'Émir luttait avec une grande énergie et, malgré bien des revers, ne désespérait point encore de la fortune. Maintes fois contraint de se replier vers le désert à l'approche de nos troupes, il reparaissait bientôt et cherchait à fomenter des insurrections, tantôt dans la vallée du Cheliff, tantôt dans les montagnes de l'Ouarensenis, dont la chaîne s'étend au nord-ouest de Thaza.

Le général Bugeaud résolut de se rendre au milieu des populations belliqueuses de ces contrées, et de les forcer par l'intimidation à abandonner la cause de l'Émir. On était en novembre 1842.

Le prince récemment promu maréchal de camp venait d'arriver en Afrique. Il prit, sous les ordres du gouverneur général, le commandement de l'une des trois colonnes destinées à opérer dans l'Ouarensenis. Les deux autres colonnes étaient dirigées par le général Changarnier et le colonel Korte.

La distance à parcourir pour frapper les partisans d'Abd-el-Kader était assez considérable; l'expédition pouvait durer plus d'un mois et il était impossible d'emporter plus de vingt jours de vivres.

Le général en chef, pour remédier à cet inconvénient, imagina alors de créer à mi-chemin de Milianah, sur une butte, tout près de l'oued Fodda, une redoute élevée à l'aide de caisses à biscuits remplies de terre, et d'y déposer les approvisionnements nécessaires à ses soldats.

Sûr désormais de ne pas manquer de vivres il pénétra dans la montagne. En moins de trois semaines « il eut soumis presque toute la chaîne de l'Ouarensenis jusqu'à l'oued Riou toute la vallée du Cheliff sur la rive gauche, et les tribus secondaires qui bordent la Djediana et la rive gauche de l'oued Riou. » (Rapport de Bugeaud.)

Le prince, qui dans le cours de cette campagne avait déployé beaucoup d'énergie et d'activité, fut chargé vers la fin de décembre de ramener une partie des troupes dans la province d'Alger.

Le gouverneur général lui confia ensuite le commandement supérieur de la province de Tittery.

Le duc d'Aumale devait résider à Médeah et se trouvait ainsi livré, pour la première fois, aux difficultés et aux responsabilités du commandement, sur le territoire le plus exposé aux embûches d'un ennemi toujours en mouvement.

La province de Tittery était alors bornée

au nord par l'Atlas, à l'est par le Djurjura et la province de Constantine, au sud par le désert et à l'ouest par le Cheliff. Elle était divisée en trois aghalicks : celui du sud-ouest connu sous le nom de Tell ; celui du sud qui se prolongeait jusqu'au désert, enfin l'aghalick de l'est qui s'étendait sur les frontières de la province de Constantine.

Les cinquantes tribus habitant le pays avaient été réparties entre ces trois divisions territoriales et administrées chacune par un agha.

La plupart de ces tribus étaient entrées en relations avec nous et avaient obtenu pour leurs kaïds l'investiture du gouverneur ; leur soumission cependant était plus apparente que réelle. L'attention du prince fut en effet bientôt attirée vers le sud par les agissements d'un kalifa de l'émir, Ben-Allel-Embarek.

A son instigation, les Ouled-Anteur, tribu importante des environs de Boghar, se soulevèrent et pressèrent les tribus voisines de se révolter comme eux.

Le duc d'Aumale quitta Médeah le 22 janvier 1843 avec huit cent cinquante baïonnettes aux ordres du colonel Camou, deux cent cinquante cavaliers aux ordres de Yusuf et une section d'artillerie.

Le 24, la colonne se trouvait au pied de la Geuya, au centre du pays des Ouled-Anteur qui refusaient encore de se soumettre.

Yusuf fut envoyé alors vers les montagnes où les principaux chefs avaient caché leurs richesses et il leur enleva huit cents moutons et cinquante chameaux. Les populations effrayées vinrent demander l'aman.

Le prince cependant cherchait le moyen d'atteindre Ben-Allel, lorsqu'un chef voisin, celui des Bou-Aïck, le fit prévenir que la kasma du lieutenant de l'émir se trouvait au milieu de sa tribu, à dix-huit lieues au sud de Boghar. Yusuf et ses cavaliers partirent aussitôt pour la surprendre.

Dans la nuit du 26 janvier, ils franchirent cette longue étape laissant à droite les feux du goum ou escorte de Ben-Allel et à gauche ceux de la smalah d'Abd-el-Kader. Prévenu de leur approche, le chef des Bou-Aïck, pour donner le change au kalifa et lui faire croire que l'émir venait châtier une population

4.

rebelle , n'hésita pas à brûler ses tentes ; l'erreur fut de courte durée ; au point du jour Ben-Allel vit nos cavaliers tomber sur les douars de Djeloul son lieutenant. Des milliers de moutons, des centaines de bœufs, de chameaux et d'ânes, une très grande quantité de tapis, d'effets pour les troupes, des caisses de douros et des barils de poudre devinrent la proie de nos soldats.

Le kalifa, frappé de stupeur, s'enfuit vers Tagdempt sans essayer de porter secours aux siens.

Aussitôt, la plupart des tribus qui dans cette région tenaient encore pour l'émir, vinrent nous jurer fidélité.

« Le prince, écrivait le général Bugeaud au ministre, a rempli sa mission au delà de mes espérances. Par plusieurs coups de main bien conduits il a fait beaucoup de mal à nos adversaires et il nous a créé une situation bien meilleure qu'auparavant. » (Rapport du 15 février 1843.)

Rentré le 4 février à Médeah, le prince s'occupa avec beaucoup d'activité des intérêts qui lui étaient confiés. Son administration ferme et bienveillante dans un pays si difficile contribua à affermir notre domination sur les indigènes.

« Je ne crains pas d'affirmer, a écrit plus tard le général Bedeau, à l'occasion de la prise de la smalah dont le récit terminera ce chapitre, que ce brillant fait d'armes a laissé moins de traces dans les souvenirs en Algérie que les principes de gouvernement posés par le prince à Médeah, à Constantine et à Alger. »

Le duc d'Aumale appelé à tout instant sur quelque point du territoire de son commandement pour réprimer des insurrections, eut bien peu de loisirs pourtant à consacrer aux affaires administratives.

Dès les premiers jours de mars, il repartait en expédition et se dirigeait au nord-est de sa province, non loin du Djurjura, vers les bords de l'oued Issel, afin de châtier la tribu des Beni Djaad, qui s'était déclarée pour Abd-el-Kader.

Le temps était affreux, la pluie ne cessait de tomber tout le jour et se changeait en neige, vers le soir, sous l'influence du vent au nord.

Après bien des épreuves la colonne française parvint le 10 mars au milieu des tribus dissidentes. Les Beni Djaad furent aisément soumis.

Une tribu voisine, les Nezlioua, nous opposa au contraire une vive résistance. Il fallut la déloger de ses montagnes et la chasser du pays.

Cette excursion sur les confins de la Kabylie devait faciliter la soumission du pays lorsque le moment serait venu de l'entreprendre. (Rapp. du prince, 15 mars 1843.)

Nos soldats, qui venaient de passer quinze jours dans la boue, sous une pluie battante, étaient exténués de fatigue et avaient un besoin absolu de repos.

Le prince les ramena à Médéah, mais pour peu de temps.

Des troubles signalés dans l'aghalick du Dira, à l'est de Boghar, nécessitaient son intervention. Sa présence, toutefois, suffit pour rétablir l'ordre et prévenir une insurrection.

A ce moment, toutes les tribus de l'est et du sud, celles du Dira aussi bien que celles du petit désert, payaient l'impôt sans difficultés.

Les résultats obtenus par le duc d'Aumale dans ces diverses expéditions avaient été considérables. De cette époque date le déclin de la fortune de l'émir·

La province de Tittery lui échappe grâce à la vigilance et à la fermeté du commandant supérieur de Médéah ; il est contraint de fuir vers le sud avec tous ses approvisionnements.

Là cependant il est encore redoutable. Le prestige de son nom est immense, le peuple arabe, plus dompté que soumis, garde le profond souvenir de son chef et n'attend qu'une occasion pour marcher de nouveau sous ses ordres.

L'émir n'a d'ailleurs rien abandonné aux Français que le sol même de la patrie ; mais l'élite des tribus, ses plus braves soldats, les femmes et les enfants qui composent sa famille, les hommes intelligents dont il s'est entouré, ses drapeaux, ses trésors, ses provisions de bouche et de guerre, réunis sous sa main, constituent encore, sous la dénomination de *Smalah* une force imposante.

Dans la smalah est le noyau d'une armée :

elle comprend une population de quinze mille âmes gardée par cinq mille réguliers, les plus braves et les plus dévoués. La smalah est le dernier foyer de la résistance.

Avec elle, le fils de Mahiddin peut encore nous tenir tête ; sans elle tout son prestige s'évanouit, son dernier enjeu disparaît, sa ruine n'est plus qu'une question de temps.

Le général Bugeaud l'a compris et il veut enlever à son adversaire cette chance suprême de salut. Sans doute la smalah est difficile à surprendre ; Abd-el-Kader lui-même veille sur elle et la tient prête à toute alerte sur le seuil du désert.

Qu'importe, c'est là qu'il faut aller la chercher, et le général en chef, estime qu'une poignée d'hommes doit suffire à cette entreprise.

Mais à cette poignée d'hommes il faut un chef énergique, aventureux, *ayant le diable dans le ventre* [1], et décidé à risquer, comme au temps de la chevalerie, son existence pour un beau fait d'armes.

1) Général Charras, cité par M. d'Ideville. Tome II.

Ce chef c'est le duc d'Aumale. Il est tout indiqué au général Bugeaud qui vient de le voir guerroyer vaillamment contre les tribus de sa province. C'est d'ailleurs sur le territoire de Tittery qu'on doit opérer ; l'honneur de diriger cette périlleuse expédition revient de droit au commandant supérieur de Médéah.

Le 10 mai, treize cents baïonnettes des 33e et 64e de ligne et des zouaves, six cents chevaux, tant spahis que chasseurs et gendarmes, une section d'artillerie et huit cents chameaux ou mulets chargés de vivres, quittent Boghar. On se dirige vers Goudgilah, petit village au sud-ouest de Boghar où, d'après des informations sûres, la smalah serait établie.

Deux jours après on arrive à Goudgilah ; mais déjà la smalah est partie. Abd-el-Kader, inquiet des mouvements des garnisons de Milianah et de Mascara chargées d'appuyer le duc d'Aumale, a dirigé vers le désert les troupes et les populations qui lui sont restées fidèles.

Le parti du prince est bientôt pris : courir

sus à la smalah, l'atteindre si faire se peut, vers les sources du Taguin où elle doit camper, sinon la rejeter vers l'ouest où le général de Lamoricière manœuvre pour lui barrer le passage.

Mais il faut, sans perdre un instant, se remettre en marche et franchir vingt-quatre lieues de désert presque au pas de course et sans trouver une goutte d'eau.

C'est beaucoup sans doute pour des hommes qui viennent de fournir une longue traite, mais le prince connaît ses soldats et il sait que personne ne restera en arrière dans un tel moment.

Il part donc à la tête de cinq cents cavaliers, laissant l'infanterie et le convoi aux ordres du colonel Chadesson.

Le 16 mai, après avoir fait un instant fausse route vers le sud, sur les indications de quelques traînards, on va bientôt atteindre les sources du Taguin.

Des cavaliers envoyés en avant pour éclairer la colonne se trouvent alors en présence d'une sorte de ville de tentes installée sur les lieux même où le général se propose de s'arrêter. C'est la smalah. Un pli de terrain dérobe aux Arabes la présence du peloton d'avant-garde. Le prince, prévenu en toute hâte, accourt reconnaître la position.

Les officiers supérieurs le rejoignent rapidement : on tient conseil.

La situation est très grave : faut-il attaquer sur-le-champ, faut-il attendre l'infanterie? Avant deux heures elle n'aura pas rejoint nos cavaliers; c'est plus qu'il n'en faut aux cinq mille réguliers d'Abd-el-Kader pour mettre en sûreté les femmes et les bagages, se rallier, s'entendre et nous écraser peut-être par leur nombre. Malgré cela, les chefs indigènes, nos alliés, supplient le prince de ne pas engager le combat :

Attaquer de suite, à leur avis, c'est courir à une mort certaine.

Les officiers français, que préoccupe surtout la présence au milieu d'eux du fils du roi, ne savent que penser. Yusuf et Morris seuls, conseillent de marcher en avant, l'un de ces officiers s'adresse alors au prince :

— Eh bien! Monseigneur, qu'allons-nous faire?

— Entrer là-dedans, pardieu ! répond le duc d'Aumale ; et aux objections qu'on élève contre une semblable résolution : — Ma foi, messieurs, s'écrie-t-il, jamais prince de ma race n'a reculé et je ne serai certes pas le premier.

Après avoir donné ses ordres aux colonels Yusuf et Morris « comme s'il se fût agi d'aller à la manœuvre », il s'élance lui-même en tête de nos braves cavaliers. A son approche, les populations de la smalah, croyant voir arriver Abd-el-Kader et son escorte poussent des cris de joie.

Mais bientôt on reconnaît l'uniforme français et la terreur se répand dans tout le camp.

Surprise à l'improviste par une attaque aussi impétueuse, l'infanterie régulière essaye vainement de se concerter et de repousser les assaillants.

Vieillards, femmes, enfants, culbutés les uns sur les autres au milieu des tentes, des bagages et des bêtes de somme, entravent et paralysent toute résistance. Ceux qui veulent lutter sont sabrés sur place ou bien entraînés par une foule affolée, où tout se mêle dans le désordre et la confusion d'une panique épouvantable.

Après deux heures de combat, la victoire était complète. Trois cents cadavres jonchaient le sol, nous n'avions de notre côté que neuf tués et douze blessés; trois mille six cents prisonniers parmi lesquels trois cents personnages de distinction, la correspondance d'Abd-el-Kader, son trésor, quatre drapeaux, un canon et un grand nombre d'objets précieux étaient entre nos mains; l'infanterie régulière de l'émir avait été sabrée ou dispersée.

Cet événement eut en France un très grand retentissement.

Le prince, par son coup d'œil rapide, son audacieuse bravoure et son heureuse fortune, venait de conquérir sa place à côté de nos meilleurs généraux d'Afrique.

CHAPITRE III

CONSTANTINE

Après la prise de la smalah , M. le duc
d'Aumale vint passer quelques mois en France,
puis reprit bientôt le chemin de l'Algérie
avec le grade de lieutenant général et le commandement de la province de Constantine.

Le 20 novembre 1843, il débarquait à Alger,
accompagné de M. Cuvillier-Fleury, son
ancien précepteur, du colonel Baron Jamin
et du marquis de Beaufort d'Hautpoul, ses

officiers d'ordonnance. La population de la ville voulut fêter son retour et lui offrit un banquet.

Tous comprenaient les avantages que la colonie pourrait retirer de la présence d'un fils du roi, et tous aussi étaient heureux de témoigner leur gratitude à un prince qui leur consacrait les plus belles années de sa jeunesse.

Le duc d'Aumale cependant ne croyait faire que son devoir, en préférant la rude vie des camps à l'existence de luxe et de plaisirs, que la destinée semblait lui réserver.

— Le roi, dit-il à ceux qui lui avaient offert ce banquet, sera heureux de l'accueil que vous voulez bien me faire. Il nous a envoyés ici, nous ses fils, pour y payer à la Patrie notre dette de citoyens et de soldats, et pour montrer *que notre titre de Princes était celui de premiers serviteurs de la France.*

Après avoir passé quelques jours à Alger, le prince se dirigea vers Constantine, où l'attendait une brillante réception. M. le duc d'Aumale entra dans la ville ayant à ses côtés M. le général Baraguey-d'Hilliers suivi d'un nombreux état-major. Les kaïds des principales tribus du Sahel, le kalifa Ali, le cheik el-Arab Ben Ganah et une foule innombrables de cavaliers indigènes étaient accourus au devant de lui et formaient un magnifique cortège qu'il l'accompagna au chef-lieu de son commandement.

La province de Constantine, où il allait séjourner pendant un an, est la plus riche et la plus importante d'Algérie. Sa superficie totale est de 175,000 kilom. carrés, dont 73,000 dans le Tell et 102,000 dans le Sahara.

Sur la côte, découpée en nombreuses et profondes échancrures, on trouve, en allant de l'ouest à l'est, les villes de Bougie, Djidgelli, Collo, Stora, Philippeville, Bône et la Calle.

Sur le versant méridional du petit Atlas, dans la région du Tell, on rencontre à l'ouest, Sétif et Milah, au centre Constantine, puis Guelma à l'est. Enfin dans le massif de l'Aurès, dans le pays des Zibans, à l'entrée du Sahara, les villes de Batna, Lambessa, El Kantara et plus au sud le grand village de Biskra.

Les Kabyles occupaient les hautes montagnes du littoral ; les Arabes et les Chaouïas,

mercenaires soumis aux Arabes, habitaient
les plaines, et, toutes réunies, les tribus pouvaient mettre sur pied quarante-cinq mille
hommes armés, vingt-deux mille fantassins
et vingt-trois mille cavaliers.

La domination française s'était cependant
établie dans la province de Constantine plus
rapidement et avec moins de difficultés que
dans l'ouest de l'Algérie, car les Turcs
avaient habitué les populations à être gou-
vernées.

Deux familles s'étaient d'ailleurs partagé
l'autorité sur les Arabes de cette partie de la
régence : l'une, dans les Zibaus, l'exerçait sous
la dénomination de cheik el-Arab ; l'autre,
dans les plaines de Sétif et dans le Hodna,
sous le nom de kalifa de la Medjana.

Ces deux familles, redoutant l'ambition
toujours croissante d'Abd-el-Kader firent,
dès les premiers jours de la conquête, des
offres de soumission qu'on accepta.

Quant aux Kabyles, les nécessités de la
guerre ne nous ayant point obligés à pénétrer
chez eux pour en chasser l'ennemi, nous avions
pu leur laisser leur indépendance.

Nous n'eûmes donc point à réprimer d'insurrection générale dans la province de Constantine, mais seulement à soumettre certaines tribus qui repoussaient notre organisation politique et administrative.

On ne recommença pas de ce côté la faute commise dans le reste de la régence, où un chef arabe avait habilement profité de nos hésitations pour imposer son autorité dans un pays où la guerre civile en avait détruit tout vestige.

Aussitôt après la prise de Constantine, le maréchal Valée poursuivit la pacification de toute la contrée avec une grande énergie[1]. (Arrêtés des 30 septemb. et 1er novemb. 1838.)

Il relia les principaux centres de l'intérieur aux villes les plus importantes du littoral, et établit des communications entre Alger et Constantine.

D'anciennes villes romaines, Stora et Rusicada, furent réédifiées, cette dernière s'appela désormais Philippeville du nom du roi.

Le commandement supérieur de la province

1. V. *Annales Algériennes*, Pélissier de Reynaud. tome II, pp. 299 et suivantes.

fut remis à un lieutenant général. La partie du territoire où l'on ne pouvait encore établir des autorités françaises, fut confiée à des kalifas ayant sous leurs ordres des kaïds et des scheiks.

C'est ainsi que le Sahel, comprenant toutes les tribus kabyles habitant entre l'Edough et Djidjelly ; le Ferdjioua, pays situé à l'ouest de Constantine jusqu'à Sétif, enfin la Medjana, qui se trouve entre Sétif et les Bibans, furent donnés à des kalifas.

Quelques autres tribus importantes : les Haractas, les Hanenchas, et les Amer, habitant dans la région sud et sud-ouest de Constantine, eurent des kaïds à peu près indépendants et qui relevaient seulement du commandement supérieur.

Un conseil d'administration, composé des autorités militaires et civiles et de chefs indigènes, fut chargé de surveiller la rentrée des impôts, d'administrer les biens du beylick et de pourvoir à certaines dépenses d'utilité publique.

L'arrondissement de Bône reçut une organisation particulière. Un officier général, relevant du commandant supérieur de la province, fut mis à sa tête.

Le territoire fut divisé en quatre cercles : Bône, Guelma, la Calle et Edough, que des officiers français, investis de tous les pouvoirs civils, militaires et judiciaires, furent chargés d'administrer. Le gouvernement des indigènes fut confié à des kaïds soumis eux-mêmes aux commandants des cercles. Les impôts arabes commencèrent à être perçus à partir de cette époque.

Toutefois cette organisation de la province ne fut le plus souvent que nominale ; la plupart des tribus refusèrent longtemps de reconnaître nos kalifas.

Le général Baraguey-d'Hilliers, prédécesseur du prince, eut souvent à vaincre leur résistance. Les Kabyles des Zerdézas et de l'Edough notamment, partisans de notre ennemi acharné, le cheïk Zerdoud, ne reconnurent l'autorité française qu'après une lutte très vive et assez longue. Il fallut également soumettre par les armes les Kabyles de Collo, les Beni-Toufout au nord de la province, et les Hanenchas, qui avaient chassé nos kaïds.

Abd-el-Kader, malgré le traité de la Tafna, avait essayé, mais en vain, de soulever contre nous les populations de la province de Constantine.

Les émissaires et les troupes qu'il avait envoyés de ce côté en 1840, n'avaient pas été heureux ; son kalifa Bou Azour était venu se faire battre à Biskra par le cheik el-Arab Ben Ganah ; son frère, El-Hadj-Mustapha, n'avait pas eu un meilleur sort à Medzerga.

Telle était la situation de la province lorsque M. le duc d'Aumale en prit le commandement. Il dut, à peine installé, faire deux expéditions importantes au sud et à l'ouest de Constantine ; la première de ces expéditions devait avoir pour but de rétablir l'ordre dans la province du Zab. Cette contrée, située, ainsi que nous l'avons dit, au sud de la province de Constantine, était livrée à l'anarchie.

Le massif de l'Aurès, dépendant du grand Atlas, où le prince allait opérer tout d'abord, est une véritable chaîne de montagnes entrecoupées de vallées et de petites plaines très fertiles ; on y rencontre de nombreux villages rapprochés les uns des autres. Le plus important de ces villages, situés pour la plupart au sud et au sud-ouest de la chaîne, est Biskra, sur une colline au pied de laquelle coule l'oued el-Kantara et où les Turcs avaient autrefois établi une forteresse armée de quelques pièces de canon.

Le cheik el-Arab Ben Ganah conservait dans cette contrée, sous notre autorité, l'influence que sa famille y avait exercée pendant des siècles ; mais il était en lutte constante avec le kalifa d'Abd-el-Kader, Mohammed el-Seghir, qui tenait garnison à Biskra avec ses réguliers.

Pendant l'été, lorsque les nomades se rapprochaient du Tell pour s'y approvisionner, Mohammed se répandait dans les villages, les ravageait et enlevait tout ce qui s'y trouvait ; puis, quand revenait l'hiver, les goums de Ben Ganah réoccupaient le pays.

Cette situation arrêtait tout commerce et plongeait les habitants de la région dans la misère ; il importait d'y mettre un terme.

Le 21 février 1844, M. le duc d'Aumale, accompagné de son jeune frère, M. le duc de Montpensier, se dirigea vers Batna (vingt-sept lieues au sud de Constantine) où se trouvait déjà réunie la colonne expéditionnaire, forte de deux mille quatre cents fantassins, de six cents chevaux, de deux pièces de montagne et de deux de campagne.

On se mit bientôt en route, et le 4 mars on entrait à Biskra après avoir franchi trente lieues sans rencontrer de résistance sérieuse.

Le prince passa dix jours dans les Zibans à régler l'administration de la contrée. Le cheik el-Arab fut maintenu dans ses fonctions ; trois cents tirailleurs indigènes et trente cavaliers d'élite, sous les ordres d'un officier français, furent chargés d'occuper la citadelle de Biskra et d'assurer la sécurité du pays.

Le duc d'Aumale se mit alors à la poursuite du kalifa d'Abd-el-Kader, réfugié avec ses richesses dans l'oasis de Méchounèche (huit lieues nord-est de Biskra) au pied des montagnes de l'Aurès.

Le village de Méchounèche, installé sur le flanc déboisé de l'amar Kaddou, accessible par un seul sentier presque à pic, défendu par trois forts solidement construits, et dominant une vallée riante et fertile, semblait dans une situation inexpugnable.

Un grand nombre d'Arabes des tribus voisines, instruits de notre approche, s'étaient rassemblés sur des hauteurs à l'est du village pour voir le combat.

Lorsque notre colonne forte de douze cents soldats et de quatre cents cavaliers arriva devant Méchounèche, ils l'accueillirent par des hurlements.

L'attaque eut lieu aussitôt. Le 2e de ligne enleva au pas de course un mamelon à l'ouest de l'oasis; et une section d'artillerie postée sur ce mamelon balaya en un instant toute cette foule qui était venue là pour assister à notre défaite et qui se dispersa rapidement devant nos premiers boulets.

En même temps la cavalerie et trois compagnies de la légion étrangère suivaient un petit cours d'eau vers le pied de la montagne et se dirigeaient sur le village d'où ils eurent bientôt débusqué les Arabes.

Deux fortins situés sur le plateau au-dessus de Méchounèche ne tinrent pas longtemps contre notre feu; mais le troisième fort, construit sur une arête très vive, nous offrit une certaine résistance.

L'artillerie s'établit sur le plateau qui venait d'être occupé et tira sans relâche sur le fort, pendant que le 2e de ligne et la légion étrangère gravissaient les pentes escarpées, sous un feu terrible et délogeaient l'ennemi de ses retranchements.

Les Arabes battirent alors en retraite vers les crêtes supérieures de la montagne ; mais là un marabout, vêtu de rouge, parvint à les rallier et les ramena au combat. Lorsqu'une compagnie de grenadiers se présenta pour attaquer cette dernière position, on fit pleuvoir sur elle une grêle de balles et des quartiers de rochers. Les difficultés du terrain arrêtèrent un moment l'élan de nos soldats.

« Une lutte corps à corps s'engage, officiers et sous-officiers cherchent à se frayer un passage et sont les premiers atteints ; accablés par le nombre, nos hommes vont reculer. » (Rapp. 22 mars 1884.) Le prince alors fait amener jusqu'à mi-côte des obusiers et des fusils de rempart et dirige leur feu sur les crêtes ; puis il réunit les troupes qui ont pris part à l'attaque du fort et du village, fait mettre la baïonnette au canon, défend aux soldats de tirer et s'avance résolument à leur tête. Les projectiles ne cessent de tomber autour de lui : à ce moment M. le duc de Montpensier est atteint au front, le colonel Jamin grièvement blessé à la hanche ; le duc d'Aumale continue sa course et arrive le premier, suivi de quelques hommes, au sommet de la montagne, que les Arabes, saisis de terreur, abandonnent précipitamment.

« Vous le voyez, dit alors le jeune général, à ceux qui l'entouraient, voilà comme il faut aborder les ennemis. Une marche hardie et ferme, sans coups de fusil, les épouvante bien plus qu'une vaine fusillade à laquelle ils ripostent quelquefois avec avantage, et qui nous fait perdre des hommes et du temps. »

L'ennemi était dispersé, le kalifa d'Abd-el-Kader s'était enfui sur le territoire de Tunis et la colonne expéditionnaire put reprendre le lendemain le chemin de Batna où elle rentra le 21 mars.

La seconde expédition fut dirigée contre les tribus peuplant le groupe de montagnes qui se trouve au sud de Sétif et à l'ouest de Batna. Quelques-unes de ces tribus avaient fait leur soumission ; d'autres, au contraire, et, parmi elles, les *Ouled Soltan*, prêchaient la guerre sainte à l'incitation d'Ahmed, ex-bey de Constantine.

M. le duc d'Aumale se rendit le 17 avril à Nghaous, petit village à l'ouest de Batna, au milieu des Ouled-Soltan.

Le 24, il pénétrait dans la montagne avec une colonne forte de 4 bataillons d'infanterie, de quelques escadrons de chasseurs d'Afrique, d'un détachement de spahis et du goum d'un allié. Après deux heures de marche, un brouillard épais vint tout à coup surprendre la colonne dans une gorge assez profonde.

Les Kabyles en profitèrent pour fondre sur nous. Repoussés en tête par le bataillon d'avant-garde, ils se rabattirent sur les flancs et mirent en fuite, par la rapidité de leur attaque, le goum du kalifa Ali, chargé à l'aile gauche de protéger le convoi. Les muletiers arabes effrayés dételèrent leurs animaux et se sauvèrent jusqu'à l'arrière-garde.

La colonne était coupée et déjà les Kabyles commençaient le pillage, quand sur l'ordre du prince, le commandant Gallias courut à la tête d'un escadron de chasseurs, renouer les communications avec l'arrière-garde et contenir l'ennemi à droite et à gauche.

La mêlée devint bientôt générale ; les Ouled Soltan, auxquels étaient venus se joindre de nombreux contingents, enveloppaient la colonne de toutes parts.

La lutte était acharnée et terrible. On se battait, pour ainsi dire, dans l'obscurité, corps à corps et à l'arme blanche.

M. le duc d'Aumale chargea lui-même, suivi de ses aides de camp, du colonel Noël et d'un escadron de chasseurs. Son cheval fut blessé deux fois, plusieurs officiers et des chasseurs tombèrent autour de lui, l'ennemi se retira enfin avec des pertes énormes.

La colonne se reforma aussitôt et allait continuer sa route, lorsqu'une pluie battante et un brouillard plus intense encore décidèrent le prince à rentrer à Nghaous.

Parmi les braves soldats frappés à mort dans cet engagement se trouvait le commandant Gallias, un de nos meilleurs officiers.

Le 1er mai, la colonne rentra dans la montagne, c'était le jour de la fête du roi et on ne pouvait mieux la célébrer que par un succès.

Cette fois le ciel était clair. « Un peu au-dessous du point où s'était engagée l'affaire du 24 avril, une nuée de Kabyles, s'avançant à travers les broussailles, vint attaquer les tirailleurs qui couvraient notre flanc gauche. La colonne s'arrêta : deux bataillons jetèrent leurs sacs, firent face à l'ennemi, se déployèrent et, par un mouvement exécuté au pas de course, le rejetèrent dans un ravin boisé où il ne s'attendait pas à être poursuivi. » (*Rapport du Prince* 2 juin 1844.)

Dans la nuit qui suivit le combat, le prince apprenant que les tribus de l'Aurès menaçaient Batna, franchit avec ses cavaliers les quinze lieues qui le séparaient de ce camp et y entra dans la soirée du 2 mai. Surpris par cette rapidité, les Arabes se dispersèrent.

La colonne revint alors dans le pays des O. Soltan pour continuer ses opérations, qu'elle reprit le 8 mai. Les indigènes fuyaient devant elle avec leurs richesses et leurs troupeaux; les tentes et une partie des bagages d'Ahmed tombèrent en notre pouvoir. L'ennemi fut pourchassé dans des grottes et dans des endroits inextricables. Pendant plusieurs jours, nos troupes parcoururent le pays en tous sens, parvenant aux lieux les plus inaccessibles et faisant partout un butin considérable. Le 13 mai, on tomba sur des rassemblements importants. Il n'y avait plus de lutte possible. Les Ouled Bou Aoün, tribu noble, vinrent se jeter aux pieds du duc d'Aumale, lui demandant le pardon pour leurs frères, à quelque prix que ce fût.

Le prince songeait déjà à mettre à profit ses succès pour établir une première organisation des tribus soumises, lorsqu'il apprit que, dans la nuit du 11 au 12 mai, les Arabes s'étaient emparés de la Kasbah de Biskra. Il partit aussitôt seul avec la cavalerie et arriva sur ce point, après avoir fait trente-six lieues en quarante-six heures. Mais déjà nos soldats étaient rentrés dans la citadelle avec le secours de quelques indigènes.

Après avoir châtié les rebelles, et pris ses mesures pour éviter le retour d'un semblable événement, il revint vers les O. Soltan.

Pensant avec raison qu'il pourrait être dangereux de laisser les populations du Belezma sous l'autorité d'un seul chef, il les groupa suivant leurs intérêts et leurs habitudes et les divisa en quatre kaïdats; deux de ces kaïdats furent confiés à des marabouts.

Ces expéditions aussi rapides qu'heureuses produisirent une salutaire impression dans le reste de la province. Les tribus qui, sous le commandement du général Baraguey-d'Hilliers, avaient opposé la plus vive résistance, renoncèrent à agiter le pays.

Dans le nord de la province, les Beni Snassen, les Beni Amram, les N'heds, longtemps hostiles, firent leur soumission. Les Kabyles de Collo rentrèrent dans l'ordre. Au sud le kalifa d'Abd-el-Kader avait dû prendre la fuite. Ahmed, ex-bey de Constantine, s'était retiré dans le massif de l'Aurès où il ne trouvait qu'une hospitalité douteuse. Sur ce point seulement, ainsi que dans le Sahel de Djidgelly, il restait encore quelques soumissions à obtenir pour arriver à la pacification générale de la province.

De Tuggurt, ville située sur la frontière
du grand désert, un chef indigène, Ben Djel-
lah, apporta son tribut à Constantine ; enfin
Bou Okkas, chef du Ferdjiouah, qui, depuis
1840, n'avait voulu se présenter devant aucun
des commandants supérieurs de la province,
vint baiser la main du duc d'Aumale en guise
de soumission.

C'étaient là d'importants résultats.

Le prince allait pouvoir se livrer désormais tout entier à l'organisation du vaste territoire sur lequel s'exerçait son autorité. Dès
son arrivée, du reste, il s'était mis à l'œuvre.

Ce n'était point assez en effet d'avoir con-
solidé la domination française sur tous les
points de sa province.

Il fallait encore donner aux indigènes les
garanties dont ils avaient besoin pour vivre
sous nos lois ; leur assurer la possession de
leurs biens ; les protéger contre les concus-
sions de leur chefs, l'agiotage éhonté des
spéculateurs et parfois même contre les excès
de zèle de quelques agents du domaine, enfin
améliorer leur sort en exécutant de grands
travaux d'utilité publique. Là cependant ne

s'arrêtait point la tâche du prince; il devait apporter tous ses soins à assimiler sa province à la mère-patrie, y introduire les Européens, les mettre peu à peu en contact avec les indigènes, mais empêcher le vainqueur de considérer le vaincu comme son esclave, et de s'en servir comme d'une bête de somme.

Telle était la mission difficile et délicate réservée à M. le duc d'Aumale, et il avait pour la mener à bonne fin une rare activité d'esprit et une volonté énergique.

En prenant possession de son commandement, il s'occupa d'abord de faire ce qu'il appelait son *état de lieux*; c'est-à-dire de se mettre au courant de la situation et des affaires particulières des populations placées sous sa direction.

Les officiers qui commandaient sur les divers points du territoire reçurent, à cet effet, l'ordre de lui adresser chaque semaine les renseignements les plus circonstanciés sur l'histoire courante et sur toutes les affaires concernant les particuliers ou les tribus de leur circonscription.

Accessible à tous, il recevait trois fois par semaine ceux qui voulaient le voir et l'entretenir. Les indigènes se rendaient en foule à ces audiences, et bien que beaucoup d'entre eux dussent se résigner à passer de longues heures assis par terre dans une grande pièce servant d'antichambre, tous s'en retournaient contents, les uns d'avoir été reçus, les autres d'avoir vu entrer leurs coreligionnaires chez le lieutenant général.

Le prince trouvait dans ces entretiens une source précieuse d'informations pour la politique générale et pour l'administration de la province. Il était également assez heureux pour rendre de nombreux services aux indigènes, tout fiers ensuite de raconter dans leurs tribus, que le *fils du sultan* les avait reçus avec bonté, et leur avait rendu justice.

La détermination et la perception de l'impôt étaient surtout l'objet de nombreuses réclamations et demandaient de sérieuses réformes.

Le prince s'appliqua à donner à ces opérations l'uniformité désirable dans l'organisation d'un État régulier.

Dès l'origine de la conquête, nous l'avons dit déjà, la province avait été divisée en deux parties : la première administrée indirectement par l'intermédiaire de chefs indigènes ; la deuxième administrée par des autorités françaises [1].

Dans la première partie, les chefs, dont l'autorité était bien établie, faisaient leur perception eux-mêmes sans contrôle ; ailleurs on envoyait une colonne, et grâce à la terreur qu'inspiraient nos baïonnettes, les chefs recueillaient la somme désignée en bloc, mais sans oublier leurs intérêts.

Le prince fit prendre des renseignements minutieux et contradictoires pour apprécier les richesses des tribus. Le chiffre de l'impôt fut établi également d'après des indications pareilles sur les ressources respectives des individus. Chaque fraction fut directement informée du chiffre de ses contributions et avertie en même temps que ce chiffre comprenait la redevance accordée aux chefs.

---

1. Le pays administré directement comprenait l'arrondissement de Bône, les villes et le territoire de Philippeville, Sétif et Constantine. Le général Randon commandait alors à Bône, le général Sillègue à Sétif et le colonel Barthélemy à Philippeville.

Dans ses entretiens avec les indigènes, le commandant supérieur avait souvent recueilli des plaintes sur la manière dont certaines tribus se procuraient la somme nécessaire à l'impôt.

Chez les Haractas notamment, le chef ne notifiait point aux gens de sa tribu le chiffre de leurs contributions, mais il les emmenait en expédition, pillait les tribus voisines, prélevait une part énorme sur le butin, et versait ensuite la somme prescrite à l'officier français.

Pour mettre fin à ces exactions, le prince annonça qu'il se chargeait pour 1844 d'opérer le recouvrement de l'impôt.

— Ta tribu est inscrite au rôle pour 100,000 francs, dit-il au chef des Haractas; cette somme te donne droit à 10,000 francs, et les déprédations auxquelles vous vous êtes livrés les années précédentes se montent à 140,000 francs : c'est donc un total de 250,000 francs à percevoir, je m'en charge. — Comment feras-tu ? lui demanda le chef. — Sois sans inquiétude, lui répondit le duc d'Aumale.

On publia dans la tribu le chiffre de la somme réclamée; chacun sut exactement ce qu'il avait à payer; quinze jours plus tard les 250,000 fr. étaient entre nos mains.

En 1844, le chiffre des impôts ainsi recouvrés s'éleva à 882,000 francs, l'année précédente il avait été de 400,000 francs. C'était une augmentation de plus du double.

Les tribus administrées directement payaient un impôt régulier. La culture des terres servait de base. L'unité imposable était la djebda, espace qu'une charrue laboure dans une saison.

Le *hokor*, loyer en argent dû à l'État, propriétaire du sol, et l'*achour*, dixième des produits de la terre, étaient déterminés par djebda.

Pour fixer l'impôt on recherchait le nombre d'hectares cultivés et on divisait ce chiffre en djebdas.

Chaque djebda devait rendre une contribution égale : une sâa d'orge, une sâa de blé et une certaine quantité de paille.

Le hokor variait selon les lieux : à Bône et à la Calle il était de 20 fr. 50; à Guelma de

20 fr., à Constantine, à Philippeville et à Sétif de 25 fr.

Les parts attribuées aux chefs variaient plus encore. Mais outre le prélèvement sur le hokor, les caïds et les cheiks percevaient à leur profit une foule d'autres droits : le droit de beurre, le droit à l'occasion des mariages, des naissances, du renouvellement des burnous, le droit sur les héritages, le droit de marché, la touiza, corvée due aux chefs, et consistant à labourer et à ensemencer leurs terres.

Le prince fit vérifier avec grand soin sur place, par ses officiers, les états dressés par les cheiks, et indiquant le nombre de djebdas mises en culture par chacun.

Le hokor fut fixé partout à 25 fr. L'achour resta le même.

Les caïds reçurent seulement 5 fr. par djebda. Tous les droits, sauf la touiza et le droit de marché, furent supprimés.

En 1844, l'impôt de la partie de la province administrée directement s'éleva à la somme de 1,700,000 fr., qui, jointe aux 882,000 fr. perçus dans les territoires administrés par les chefs arabes, forma un total de près de 2,600,000 fr. pour la province de Constantine.

Après avoir ainsi régularisé l'impôt, le prince s'occupa de l'organisation et de la surveillance des marchés. C'était, en effet, une question fort importante.

Sur une profondeur de cent quarante lieues, la province de Constantine se partageait en plusieurs zones commerciales successives, marquées par des points importants servant de lieux de dépôt et de marchés pour les produits destinés à les traverser.

En partant du littoral on rencontrait ces diverses stations qui étaient comme les échelles de ce commerce de transit : Philippeville, Constantine, El-Kantara, Biskra, Tuggurt et plus au sud Gedamès, Tombouctou, etc.

Philippeville approvisionnait le Sahel et expédiait à Constantine. Constantine fournissait directement aux tribus du Tell et envoyait ses produits dans le Zab, par l'intermédiaire d'El-Kantara. Le marché de Biskra était fréquenté par les populations du Zab; Tuggurt tirait ses grains du Tell par les nomades.

Les tribus de l'est lui apportaient les objets de Tunis. (Rapp. du prince inséré au *Moniteur*.)

Le prince facilita autant qu'il le fut l'accès des marchés du Tell aux Européens. Il pensait avec raison que les nomades seraient maintenus dans l'obéissance, s'il pouvait, à son gré, leur fermer ces marchés où ils devaient chaque année venir faire leurs approvisionnements.

La police de ces réunions fut réglée avec soin.

C'était, en effet, dans ces rassemblements que les caïds proclamaient leur investiture, qu'ils donnaient connaissance aux tribus réunies des ordres de l'autorité, des circulaires, du rôle des impôts, de la convocation des goums, etc.

C'était également des marchés que partaient les cris de guerre ; les chefs politiques, les marabouts s'y rendaient, on y discutait non seulement les affaires, mais les intérêts, les alliances. On y décidait de la paix ou de la guerre. Chaque marché pouvait devenir le point de départ d'une insurrection. Il convenait donc que toute assemblée de ce genre fût l'objet d'une surveillance active de notre part.

Le prince prit également des mesures pour assurer aux indigènes la tranquille possession de leurs immeubles; il s'occupa de déterminer les biens du beylick, ou biens de et ceux qui n'appartenaient à personne, pour les mettre ensuite à la disposition des colons européens[1].

Enfin il se préoccupa des conditions dans lesquelles on pourrait permettre aux Européens de s'établir dans les villes de la province.

Il fallait, en effet, protéger les indigènes contre les spéculateurs européens, qui profitaient de leurs embarras pécuniaires pour accaparer leurs immeubles par des baux à long terme ou autrement, et les contraindre peu à peu à émigrer après les avoir dépouillés.

Le prince proposa d'abord de n'admettre dans les villes, et à Constantine notamment, que quelques ouvriers d'art, un certain nombre d'individus adonnés au petit négoce,

---

1. Nous ne faisons qu'indiquer ici cet immense travail de la constitution de la propriété, commencé à Constantine et poursuivi avec une grande activité par M. le duc d'Aumale, gouverneur général de l'Algérie.

au jardinage et des commerçants d'une moralité éprouvée qui approvisionneraient les
marchés. Une ordonnance rendue sur son initiative régla d'ailleurs à Constantine la situation des deux races (9 juin 1844). La ville fut
divisée en deux quartiers : l'un destiné aux
Européens et l'autre aux indigènes.

Il était interdit aux Européens ou aux Israélites étrangers de s'établir, ni de devenir
locataires, propriétaires ou détenteurs d'immeubles à quelque titre que ce fût dans le
quartier indigène ; les locations ou acquisi-
tions n'étaient permises que de Musulmans à
Musulmans.

Par contre, toutes les transactions immobi-
lières entre Européens, Musulmans et Israélites étaient autorisées dans le quartier européen.

Telle est dans ses lignes principales l'administration de M. le duc d'Aumale dans la
province de Constantine.

Après avoir assuré par les armes la tranquillité dans tout le pays, il s'était appliqué à
bien l'administrer.

L'ordre et la régularité qu'il introduisit

dans tous les services, l'impulsion qu'il donna aux travaux d'utilité publique, sa sollicitude constante pour les indigènes furent vivement appréciés non seulement de ceux qui habitaient la province, mais encore des tribus voisine des frontières.

Vers la fin de son commandement, des peuplades du sud de Tunis, désirant jouir des bienfaits de son administration, lui envoyèrent demander l'autorisation de s'établir sur son territoire.

Le prince dut refuser de les entendre. On ne voulait point alors se créer des difficultés avec la Tunisie et on trouvait qu'une Algérie suffisait à la France.

Mais quel témoignage plus flatteur de son gouvernement le prince pouvait-il espérer? Quelle récompense de ses efforts dans cette démarche spontanée d'un peuple indépendant venant se soumettre à une autorité étrangère, parce que celui qui l'exerce est bienveillant et juste!

Quelques années plus tard, à la tribune française, un député de l'opposition, M. Ferdinand Barrot, lui rendit cet hommage qui

résume en excellents termes les services rendus par le prince dans l'est de l'Algérie :

« Dans la province de Constantine, on a
entrepris le gouvernement des races indigènes comme une œuvre de patience et de
paix. Aussi dans cette province la soumission est-elle plus intelligente et peut-être
plus certaine. Il faut le dire, car il est bon de
rendre justice à tout le monde, même aux
princes, ce système de conduite vis-à-vis des
indigènes a été inauguré, a été maintenu avec
une grande force, une grande intelligence,
par M. le duc d'Aumale lors de son commandement dans la province de Constantine. »

Vers le mois d'octobre 1844 le prince rentra en France. Nous verrons bientôt qu'il
n'abandonnait pas pour longtemps l'Afrique.
A la fin de cette même année, il se rendit
en Sicile pour se marier. Ni la gloire, ni le
bonheur ne semblaient alors devoir lui manquer.

— Vive le duc d'Aumale, s'écriait à Melun
le vieux général d'Astorg au passage du 17ᵉ léger ; jeune et brave, que d'espoir pour la
patrie, quel bel avenir, qu'il vive !

Hélas il a vécu pour éprouver bien des tristesses et bien des déceptions!

A l'heure actuelle, le vainqueur de la smalah est banni de l'armée, et il semble qu'après avoir retracé ses heureux débuts en Afrique, on soit amené à s'écrier avec le poète: *Le congé du guerrier est signé, c'est de la splendeur dans le lointain.* (Victor Hugo.)

Qui sait pourtant, le duc d'Aumale a tracé ce mot comme devise au pied de l'écusson royal: *J'attendrai!*

Il a donc confiance dans l'avenir!

Combien d'entre nous, d'ailleurs, inquiets de ce qui s'agite au dedans et de tout ce qui nous menace au dehors, répètent tout bas le souhait du général d'Astorg :

Qu'il vive !

CHAPITRE IV

M. LE DUC D'AUMALE, GOUVERNEUR GÉNÉRAL DE L'ALGÉRIE

Sommaire : Opérations militaires de 1844 à 1847. — L'Emir est forcé de se réfugier dans le Maroc. — La guerre est terminée. — L'Algérie est conquise, mais il faut y créer un établissement français. — Essais de colonisation de 1830 à 1840. — Efforts du maréchal Bugeaud pour attirer les colons. — Situation en 1846. — Le maréchal repousse la colonisation civile et propose la colonisation militaire; ses projets. — Le Parlement les repousse. — Démission du maréchal Bugeaud. — Raisons qui déterminent le gouvernement à lui donner le duc d'Aumale pour successeur. — Opposition que rencontre cette nomination dans les Chambres. — Marquis de Boissy. — M. Mérilhou. — M. Lherbette. — M. Guizot. — Lettre du prince au maréchal Bugeaud et réponse du maréchal. — Départ du duc d'Aumale. — Son arrivée à Alger. — Réception. — Ordre du jour à l'armée. — Proclamation aux Arabes.

Pendant que M. le duc d'Aumale commandait à Constantine, la guerre se poursuivait dans l'ouest avec la même vigueur. En résumer les principaux épisodes, faire le récit des derniers efforts du peuple arabe pour reconquérir son indépendance, ce serait nous écarter un peu trop de notre sujet. Nous nous bornerons à rappeler que l'armée française, dans le cours des trois années qui suivirent la prise de la Smalah, dut soutenir une guerre contre le Maroc; réprimer sur certains points et notamment dans le Dahra et l'Ouarensenis l'agitation produite par les prédications d'un fanatique nommé Bou-Maza ; enfin faire face à une levée générale de boucliers (1845-1846) pendant laquelle l'Émir put braver les nombreuses colonnes lancées à sa poursuite et parcourir une dernière fois son vaste empire, des frontières du Maroc au Djurjura.

M. le duc d'Aumale revint en Afrique pendant que se passaient ces derniers événements.

Remplacé à Constantine par le général Bedeau, le prince avait été chargé, en 1845, de diriger les manœuvres militaires du camp de la Gironde. Dès le début de 1846, il sollicita l'autorisation de retourner en Algérie pour prendre part aux dernières opérations contre Abd-el-Kader, et reçut le commandement des subdivisions de Médéah et de Milianah, que le général Bedeau avait exercé provisoirement pendant quelques mois. (Mars 1846.)

A ce moment l'Émir fuyait vers le sud après une résistance héroïque et désespérée. Toutes les tribus, qui jusqu'alors lui étaient restées fidèles, ruinées par la guerre, étaient hors d'état de se prêter à aucune aventure nouvelle. La paix était leur plus pressant besoin.

M. le duc d'Aumale, après avoir pacifié l'Ouarensenis et les populations de la vallée du Chéliff, se dirigea vers les Oulad-Naïls dans les montagnes du Djebel-Amour.

Bientôt les chefs de cette importante tribu et des tribus limitrophes du désert vinrent lui faire leur soumission.

L'émir, abandonné de tous, gagna le pays des Oulad-sidi-Cheik où le général Renault reçut mission de le poursuivre.

Vers le milieu de juin il rentra enfin dans le Maroc par Figuig, à l'extrémité ouest de la chaîne du grand Atlas. (Juin 1846.)

Mais au moment de quitter l'Algérie, il voulut marquer sa retraite d'un acte inoubliable et dont le retentissement sinistre deviendra pour lui un cruel embarras lorsqu'il sera contraint de rendre son épée au duc d'Aumale.

L'année précédente, trois cents Français environ avaient été faits prisonniers, après un brillant mais malheureux engagement, non loin de Ghemma-Ghazaouat, et remis à la garde de Bou-Hamedi, le lieutenant dévoué de l'Émir, qui les avait conduits sur le territoire du Maroc.

Abd-el-Kader envoya un de ses officiers, Ben-Thami, avec l'ordre de massacrer ces infortunés et de n'épargner que ceux dont on espérait tirer rançon. Deux cent soixante-dix Français périrent ainsi lâchement assassinés.

Abd-el-Kader reprit ensuite le chemin de l'exil. La guerre était terminée. M. le duc d'Aumale ramena ses troupes à Milianah et se rendit, avant de rentrer en France, dans les provinces d'Oran et de Constantine. Nous ne l'accompagnerons point dans ce voyage qu'il entreprit pour bien se pénétrer des besoins des populations de l'Algérie; nous serions forcé souvent de rappeler les ovations dont il fut l'objet de la part de l'armée, des colons et des indigènes, et ce n'est point là notre tâche.

La conquête était un fait accompli. Toute l'Algérie, sauf la Kabylie, était soumise.

Nos possessions d'Afrique s'étendaient au sud jusqu'à Sebdou, Daïa, Tiaret, Teniet-el-Had, Boghar et Biskra. La plupart des tribus peuplant le territoire entre ces divers points et le littoral payaient l'impôt.

Ces résultats étaient en grande partie l'œuvre du maréchal Bugeaud, l'habile et énergique soldat que le gouvernement de Juillet avait choisi entre tous, et mis à même de réussir en lui fournissant les hommes et l'argent dont il avait besoin.

Ce n'était point assez cependant d'avoir conquis, il fallait coloniser.

Déjà sans doute on avait fait bien des efforts pour tirer parti de l'Algérie, et diminuer les lourdes charges que l'occupation faisait presque sans compensation peser sur la métropole.

Au lendemain de la prise d'Alger, nous nous étions trouvés possesseurs de biens considérables, attribués à l'État (beylick) sous la domination turque, et auxquels étaient venus se joindre les immeubles appartenant aux anciennes communautés religieuses et aux indigènes rebelles à notre autorité. Nous avions pu ainsi sans dépouiller personne, disposer d'importants domaines en faveur de la colonisation.

Les spéculateurs arrivèrent en foule, comme c'est l'usage. Ils se firent délivrer des concessions qu'ils cherchèrent ensuite à retrocéder en détail, et avec de gros bénéfices, aux petits colons.

Plusieurs d'entre eux pourtant prirent l'engagement de construire des villages et de les peupler.

La colonisation entreprise ainsi à forfait ne donna que de mauvais résultats: les grands propriétaires firent venir de France une multitude de déclassés et de vagabonds recueillis un peu partout et dont le moindre défaut était la paresse.

Quant aux petits colons, fort peu nombreux, arrivés avec le ferme désir de s'installer en Afrique et de défricher le sol, ils éprouvèrent bientôt de grandes difficultés.

Le plus souvent ils étaient sans ressources personnelles; il fallait les aider dans leurs travaux d'installation et les nourrir jusqu'à la première récolte. Beaucoup d'entre eux tombaient malades et mouraient, laissant leurs familles à la charge du gouvernement.

En 1837, deux mille deux cents Européens seulement avaient pu s'établir au sud d'Alger, et cultiver un espace d'environ sept mille hectares.

Le maréchal Bugeaud, devenu gouverneur général, chercha par tous les moyens possibles à modifier cet état de choses.

Il régla lui-même par des arrêtés les conditions d'existence des centres de population, leur emplacement, le nombre des habitants qu'on devait y installer et l'étendue des terres à concéder.

Il obligea les grands propriétaires à établir, dans un délai fixé, des familles de travailleurs sur leurs concessions et à faire donation à chacune d'elles de quatre hectares de terre et d'une maison d'habitation.

Il fit construire aux frais de l'État, en différents endroits, des villages destinés aux petits colons et leur attribua, par ménage, et moyennant certaines conditions, une demeure, douze hectares de terre et une quantité déterminée d'arbres plantés [1].

Ailleurs il mit seulement à la charge du gouvernement les travaux d'utilité publique, laissant aux colons le soin de construire, de planter et de cultiver.

La colonisation par l'État ne dépassa pas les limites du territoire réservé à la France par le traité de la Tafna.

La colonisation particulière put s'étendre sur tous les points où elle fut possible.

A la fin du commandement du maréchal, une soixantaine de villages avaient été créés, mais ils avaient pour la plupart une existence fort précaire.

Quatre millions cinq cent mille fr. avaient été dépensés de 1842 à 1847, soit en travaux d'utilité publique, soit en allocations aux colons, et quels résultats avait-on obtenus?

Après seize années d'occupation, et lorsque la conquête était achevée, on comptait cent

1. Les colons ainsi pourvus devaient payer leur concession moyennant une somme de 1,500 fr. soit de suite soit par annuités et posséder en outre un avoir aussi de 1,500 fr. pour faire face aux premiers besoins.

dix mille Européens de toutes nationalités en Algérie, sur lesquels la population rurale n'entrait en compte, à la fin de 1846, que pour dix-sept mille individus.

Dix-sept mille Européens en face de deux millions et demi d'indigènes sur un territoire de trente-neuf millions d'hectares !

Cette situation préoccupait également le parlement, le ministère et le gouverneur général.

De part et d'autre cependant on différait d'avis sur les causes du mal et sur les remèdes à employer.

Le maréchal était convaincu que la colonisation n'avancerait pas, tant qu'elle resterait livrée à l'initiative individuelle.

Il croyait, non sans raison, que ce qui importait avant tout, c'était d'assurer la sécurité aux Européens. Il savait que de longtemps encore les Arabes ne subiraient pas volontiers la domination française, et qu'une population sans habitudes militaires ne pourrait être introduite sans danger dans l'intérieur du pays. Il pensait que les entrepreneurs et les particuliers ne pouvaient coloniser au

7.

delà de certaines limites. Il proposait de leur abandonner une bande de douze lieues de profondeur sur tout le littoral de l'Algérie; mais à partir de cette zone, il considérait la colonisation comme une question de force et ne croyait pouvoir la pratiquer qu'à l'aide de l'armée.

Il avait été frappé de l'œuvre accomplie par ses troupes depuis le commencement de l'occupation.

Au milieu de combats sans cesse renouvelés, de courses à travers le pays à la poursuite d'un ennemi souvent insaisissable, nos soldats avaient trouvé le temps d'exécuter d'importants travaux : d'anciennes villes romaines avaient été réédifiées, de nombreuses voies de communication avaient été ouvertes pour relier entre eux les principaux points de la Régence; des établissements militaires avaient été construits; le sol avait été assaini, défriché et souvent cultivé au profit des colons civils. L'armée avait ainsi donné la mesure de ce qu'elle pouvait faire pour la colonisation.

Ne semblait-il pas équitable d'ailleurs de

lui faire sa part dans les concessions si libéralement accordées à tous ceux qui en demandaient? Quels meilleurs colons pouvait-on désirer? Nos soldats ne craignaient ni le voisinage des Arabes ni les intempéries des saisons.

Le maréchal convaincu de l'excellence de ses idées formulait ainsi son système:

« Exiger que les futurs colons eussent encore trois ans de services à faire, ou s'obligeassent à contracter un engagement pour les compléter. Aussitôt leur demande accueillie, les envoyer en France se marier et réaliser leur avoir. Pendant leur absence, charger un bataillon, placé sur chacun des centres choisis pour la colonisation militaire, de faire les premières constructions, les rues, la fontaine, de planter les arbres, d'ensemencer les terres. A leur retour en Algérie installer les colons sur leurs immeubles et leur fournir le mobilier agricole, les semences et les vivres durant la première année. »

Le maréchal se proposait de faire exécuter, pendant les trois ans de service exigés, tous les travaux complémentaires plus généraux, tels que routes, églises, écoles, ponts, mairies, etc.

Il estimait que chaque colon militaire coûterait à l'État une somme ronde de trois mille francs.

Une population un peu nombreuse, ainsi constituée, devait, de l'aveu même du duc d'Isly, occasionner à la France des dépenses considérables.

Le parlement se montrait très hostile à un système qui devait à ce point engager nos finances. Il était loin d'ailleurs de partager les vues du maréchal sur la colonisation.

Les députés avaient leur opinion faite sur ces questions. Plusieurs d'entre eux avaient visité en détail les établissements de notre colonie. Ils n'avaient constaté nulle part que la sécurité des Européens courût quelque danger, mais en revanche ils avaient recueilli des plaintes nombreuses contre l'organisation administrative du pays et contre le maréchal. Sans doute cette organisation n'était pas parfaite; bien des réformes s'imposaient; mais nos représentants étaient-ils sûrs d'être justes en faisant remonter jusqu'au pouvoir suprême en Algérie, les responsabilités des misères dont ils avaient été témoins.

Quoi qu'il en soit le parlement se préoccupait surtout de mettre à la charge des colons venus d'Europe, les sommes nécessaires à l'exploitation de la contrée. Il pensait avec le général de Lamoricière, « que l'État devait se borner à exécuter les grands travaux, à préparer les concessions et à faire qu'une intelligence, un capital et deux bras pussent trouver leur place en Afrique, grande si le capital était grand, petite si le capital était petit. » (Séance du 9 juin 1847.)

Il ne répudiait pas davantage les idées de M. Ferdinand Barrot, plaidant surtout la cause des grands concessionnaires et préconisant l'installation « de la propriété qui peut faire travailler. » Mais il ne voulait à aucun prix de la colonisation militaire.

Le ministère rencontra donc la plus vive opposition lorsqu'il crut devoir, par égard pour le maréchal, proposer de faire l'essai de son système et demander une somme de trois millions pour la création d'un camp agricole composé de mille soldats.

Le projet de loi fut soumis à une commission, mais n'eut pas même les honneurs d'un débat public.

Aussitôt que **M.** de Tocqueville eut déposé le rapport concluant au rejet du crédit, le gouvernement retira sa proposition.

Lorsque vint la discussion du budget de l'Algérie, dans la session de 1847, quelques députés reprirent pour leur propre compte cette question, en lui donnant une solution acceptable par la Chambre.

L'un d'entre eux, M. Béhic, fit voter une somme de trois cent mille fr. destinée à établir en Algérie des *militaires libérés mariés*, de tout grade et de toutes armes, mais choisis de préférence parmi ceux qui auraient servi en Algérie.

La Chambre pouvait mieux faire cependant que de se borner à accorder à l'armée d'Afrique une allocation qui ressemblait à une aumône. Dans le système du maréchal, il y avait une idée grande et féconde: coloniser civilement à l'aide de l'armée, implanter sur le sol de l'ancienne Régence une population d'élite, forte, laborieuse, acclimatée, aguerrie, habituée au travail en commun et à la discipline; voilà le principe qu'il fallait retenir et appliquer résolument.

Après le 24 février 1848, la République qui se croyait appelée à réparer les fautes du gouvernement de Juillet, et dont la situation financière était ce que l'on sait, mit généreusement cinquante millions à la disposition du ministre de la guerre pour coloniser.

Mais au lieu de consacrer cette somme au développement de la colonisation par l'armée, elle en fit le salaire de socialistes, auxiliaires utiles au jour des barricades, mais compromettants au lendemain de la victoire.

Cinq millions furent affectés, chaque année, à partir de 1848, à la création de villages ainsi peuplés.

Qu'arriva-t-il? Après une année de séjour, les nouveaux colons revinrent en France, se refusant énergiquement à rester dans un pays où il fallait travailler pour vivre. Beaucoup d'entre eux périrent de misère et les quarante villages créés à leur intention furent bientôt complètement abandonnés.

Pour les repeupler on décida de n'admettre

comme colons que les soldats libérés du service ou ayant servi en Algérie, des cultivateurs d'Algérie mariés, et des cultivateurs de France mariés.

On en revenait ainsi à reconnaître que les meilleurs colons se trouvaient dans l'armée, mais on avait perdu beaucoup de temps et dépensé des sommes énormes.

La Chambre de 1847 eut donc été bien inspirée en se montrant plus libérale.

Le maréchal Bugeaud, en présence de l'accueil fait à ses projets, donna sa démission. Le gouvernement essaya en vain de le faire revenir sur sa détermination.

« Les ministres, écrivait-il à M. le duc d'Aumale (23 avril 1847), se retirent lorsqu'on veut leur imposer une politique qu'ils n'approuvent pas : on veut suivre en Afrique des systèmes qui ne sont pas les miens, j'en fais ma question de cabinet et je m'en vais. Il n'y a d'ailleurs, ajoutait-il, non sans amertume, qu'un seul moyen de se reposer, c'est de s'en aller. C'est le parti que j'ai pris, non pas tant par maladie qu'à cause de l'injustice et de la folie. Je prendrais mon parti de l'in-

justice, mais je ne veux pas me faire le serviteur de la folie. Je ne veux pas immobiliser
successivement toute l'armée en la mettant
en faction pour garder infructueusement les
barons en gants jaunes, mais sans casque,
sans cuirasse et sans lance, qui veulent se partager le sol de l'Algérie.

« Quand ils auront envahi le pays et peuplé
leurs fiefs de misérables fort clairsemés,
quelle armée croyez-vous, mon Prince, qu'il
faudra pour les protéger efficacement contre
les Arabes, indignés de se voir ravir leurs
terres par cette canaille qui ne tiendrait pas
un instant devant leurs habiles cavaliers. »

On voit avec quelle vivacité le maréchal
s'exprimait sur les grands concessionnaires
auxquels plusieurs membres du parlement
auraient voulu confier l'œuvre de la colonisation.

Le duc d'Isly rentra définitivement en
France dans les premiers jours de juin 1847.
Le général Bedeau fut chargé de l'intérim
du gouvernement.

Le maréchal n'avait donc accompli qu'une
partie de sa glorieuse tâche. Après avoir sou-

mis par les armes tout un peuple de guerriers,
il se croyait appelé à affermir l'autorité de la
France en Algérie, au moyen d'une colonisation qu'il avait rêvée vigoureuse et puissante.

Une volonté plus forte que la sienne s'é-
tait prononcée contre ses projets et contre
son système : il s'était incliné, avec impa-
tience peut-être, mais sans préoccupation
personnelle, et il avait abandonné le plus
beau commandement du royaume, pour ne
rien sacrifier de ses idées, ni de ses convic-
tions.

———

Il n'était guère facile de trouver un successeur au maréchal Bugeaud. Les officiers généraux ne manquaient pas sans doute, tous
étaient capables, quelques-uns même illustres. Mais le gouvernement avait des raisons
particulières pour ne point faire porter son
choix sur une personnalité *exclusivement militaire*.

Bien des gens, en effet, rejetaient sur le

commandement tout le poids des fautes commises et des abus signalés dans l'administration de l'Algérie. On s'était plaint souvent que le gouverneur général fût, pour ainsi dire, un chef tout à fait indépendant et irresponsable de ses actes. On avait pensé qu'une fois le pays conquis, la colonisation devait se répandre rapidement et partout à la fois. Les résultats n'ayant pas été aussi satisfaisants qu'on l'espérait, on avait accusé l'autorité militaire d'avoir retardé les progrès de notre établissement.

Le gouvernement songeait donc à donner une satisfaction au moins apparente à l'opinion publique.

Il ne pouvait venir à la pensée de personne de remettre l'Algérie entre les mains d'un fonctionnaire civil. La situation de notre colonie n'autorisait pas une semblable expérience, car la grande insurrection de 1846 était à peine réprimée ; Bou-Maza venait seulement de se rendre au colonel Saint-Arnaud.

Abd-el-Kader, réfugié dans l'ouest, au delà de nos frontières, était toujours pour nous une menace et un danger; l'empereur du Maroc ne se pressait point d'exécuter les clauses du traité conclu avec lui en 1844 : incertain, irrésolu, il laissait l'Emir nouer des intrigues sur son territoire, soit contre lui, soit contre nous. Quoi qu'il arrivât, nous devions toujours être prêts à toute éventualité. Ce n'était pas le moment de diminuer le prestige de l'armée d'Afrique en soumettant son chef au pouvoir civil.

Il ne s'agissait pas d'ailleurs de gouverner cent mille Européens éparpillés dans les villes du littoral et dans la plaine de la Métidja, mais près de trois millions d'Arabes et de Kabyles incapables de subir une autre loi que celle du sabre.

Aux nations guerrières, il faut un chef guerrier. En France, ce principe a survécu longtemps à nos révolutions. Lorsqu'il a disparu, il semble avoir emporté avec lui quelque chose de notre fierté nationale, et n'avoir laissé à la place que le souci des intérêts matériels.

Il fallait donc trouver un officier général qui eût fait ses preuves comme soldat et comme administrateur, qui ne fût pas seulement un membre de l'armée française et dont le dévouement aux institutions de la France ne pût être mis en doute.

M. le duc d'Aumale parut seul satisfaire à toutes ces conditions.

Sa situation personnelle et ses sentiments libéraux bien connus, étaient une garantie pour le trône et les partisans du gouvernement constitutionnel.

Il avait brillamment fait son devoir sur les champs de bataille, et son nom pouvait être mis avec honneur à côté de ceux des plus braves.

Dans l'administration de deux provinces, il avait donné, quoique fort jeune, la mesure de sa haute intelligence et de ses rares aptitudes de gouvernement.

« Pour les esprits supérieurs, mais pour ceux-là seulement, a dit un illustre écrivain, la guerre est une excellente école, on y apprend à commander, à se décider et surtout à administrer. » (Thiers, *Cons. et Emp.*, t. I, p. 12.)

Prince du sang, M. le duc d'Aumale devait

acquérir un ascendant considérable sur les Arabes très sensibles au prestige du rang, et sur les Européens dont il avait souvent plaidé la cause dans les conseils du roi.

Le prince sembla enfin plus qu'aucun autre en situation de faire accepter son autorité par trois généraux également chers à l'armée, également désignés pour continuer l'œuvre du maréchal Bugeaud.

Entre Changarnier, Bedeau et Lamoricière, il n'y avait sans doute et il ne pouvait y avoir que l'émulation de la gloire : aucun d'eux n'était accessible à des rivalités personnelles. Mais il était d'autant plus difficile de désigner un chef parmi eux qu'ils étaient égaux par la réputation et les services[1].

Tous les trois, au contraire, pouvaient dignement accepter le jeune prince que le roi plaçait à leur tête, commander sous ses ordres les trois provinces d'Algérie, et lui apporter le concours de leur grande expérience, comme ils lui avaient donné déjà l'exemple de leurs vertus militaires.

1. Changarnier commandait la province d'Alger ; Lamoricière la province d'Oran et Bedeau la province de Constantine.

Ce choix avait pourtant ses inconvénients et ses dangers pour le ministère, pour le prince et pour la monarchie.

Plus que tout autre M. le duc d'Aumale allait être en butte à la critique et à la calomnie : tous ses actes allaient être livrés en pâture aux passions de ceux qui cherchaient à renverser la royauté et aux rancunes de ceux qui ne voulaient renverser que le ministère ; plus que tout autre il allait être obligé d'être réservé et circonspect dans l'exercice de ses fonctions.

Quoi qu'il fît d'ailleurs, quelque correcte que fût son attitude vis-à-vis des pouvoirs publics, on ne devait pas tarder à l'accuser de vouloir se créer une situation personnelle, capable de porter un jour ombrage aux héritiers du trône.

La majorité de la nation applaudit à la décision qui plaçait M. le duc d'Aumale à la tête de l'Algérie.

Cependant, à la Chambre des pairs et à la Chambre des députés, certaines protestations s'élevèrent et on tenta d'émouvoir l'opinion en représentant comme dangereuse pour la sécurité de la France la nomination du prince.

M. le marquis de Boissy et M. Lherbette, bien qu'appartenant à des opinions différentes, se firent, en cette circonstance, les porte-paroles de l'opposition dans les deux assemblées.

Le marquis de Boissy est bien connu : très aristocrate à certains égards, d'un esprit vif et mordant, mais d'un caractère bizarre, original et plein de contradictions. Légitimiste de cœur, mais avec des tempéraments : tour à tour pair de France sous la monarchie de Juillet et sénateur du second Empire, moins utile cependant à la pairie qu'au sénat où il fallait beaucoup d'esprit et de hardiesse pour faire entendre un peu de vérité.

De M. Lherbette nous ne dirons rien, parce que rien de lui n'est venu jusqu'à nous. A Dieu ne plaise que nous lui en fassions un reproche : c'est le propre des assemblées parlementaires de produire des hommes qui ne survivent point à leur mandat.

Lorsque M. le duc d'Aumale fut nommé

gouverneur général (11 septembre 1847),
les Chambres ne siégeaient pas.

La session ne s'ouvrit qu'à la fin de décembre. Dans son discours d'ouverture, le roi annonça ainsi le changement survenu depuis la dernière réunion du parlement dans le gouvernement de l'Algérie :

« Le chef illustre qui a longtemps et glorieusement commandé en Algérie a désiré se reposer de ses travaux. J'ai confié à mon bien-aimé fils, le duc d'Aumale, la grande et difficile tâche de gouverner cette terre française. Je me plais à penser que sous la direction de mon gouvernement et grâce au courage laborieux de la généreuse armée qui l'entoure, sa vigilance et son dévouement assureront la tranquillité, la bonne administration et la prospérité de notre établissement. »

Les Chambres, on se le rappelle, répondaient au discours du trône par une adresse dans laquelle étaient traitées toutes les questions de politique extérieure et intérieure.

Lors donc qu'à la Chambre des pairs on en fut arrivé au paragraphe de l'Algérie, M. le

marquis de Boissy se leva et prit la parole.
(Séance du 17 janvier 1848.)

« Y en a-t-il parmi vous un seul, s'écria-
t-il, qui ne soit affligé qu'il ait été fait en
Afrique une position exceptionnelle pour un
homme ; que les intérêts de la France aient
été mis ainsi en opposition avec les intérêts
du prince ; que les intérêts de la France
soient gravement compromis à cause de cette
situation particulière. Ce n'est pas seulement
pour le présent, c'est même pour un avenir
très rapproché qu'il y a un immense inconvénient à créer dans le pays des hommes
trop puissants qui peuvent être la cause de
très grands embarras pour les pouvoirs
faibles, nouveaux.

« Le gouvernement du roi a fait la faute
très grande de compromettre un fils du roi,
là où il ne pouvait pas bien faire, car tout
le bien qu'il aurait fait on ne le lui aurait pas
attribué. »

Un collègue du marquis de Boissy, M. Mérilhou, protesta avec énergie et non sans
éloquence contre cette idée que les princes
ne peuvent servir leur pays sans danger pour

lui, et sans embarras pour le ministère.

« Je ne crois pas, dit-il, que l'on puisse dans un gouvernement où tout le monde à la prétention à l'égalité, priver une seule famille parce qu'elle est la plus élevée de l'État, de l'honneur, du bonheur de servir la patrie, de concourir à sa puissance, à sa gloire, de verser son sang pour sa défense et pour lui conquérir des provinces. Le choix fait du duc d'Aumale et de ses frères sont des événements que le pays n'a pas à regretter, et qui lui ont été utiles en même temps que glorieux pour nos drapeaux. »

A la Chambre des députés, l'opposition fut plus vive et plus âpre. Il était difficile de ne pas rendre justice aux fils de Louis-Philippe; M. Lherbette ne put s'en défendre au début de son discours ; mais laissant bientôt de côté toute mesure, il se livra à une attaque passionnée contre le roi, les princes et le ministère.

Nous éprouverions quelque répugnance à rappeler ce réquisitoire qui ne fait honneur ni à l'esprit français ni à la tribune où il fut prononcé, si nous ne retrouvions dans notre société politique actuelle la plupart des sentiments qui l'avaient inspiré.

En 1847, M. le duc d'Aumale et ses frères étaient jeunes, braves, pourvus de grades élevés, glorieusement acquis. Quel danger pour le pays !

M. Lherbette trouve impossible que cet accaparement de toutes les hautes fonctions militaires par les princes n'excite pas la sollicitude de la Chambre ; c'est le gouvernement des archiducs, s'écrie-t-il, bien qu'au moment où il parle, M. le duc d'Aumale seul soit en possession d'un grand commandement ; puis il montre les princes occupant les charges de connétable, de grand maître d'artillerie, de grand amiral, et il prédit à courte échéance une vice-royauté en Algérie.

Ce n'est pas tout encore, « les grades de l'armée ne sont plus accordés qu'à la faveur, par camaraderie et sans souci des droits acquis. Le roi enfin peu préoccupé de ses devoirs constitutionnels dirige seul les affaires du pays, soutenu par ses enfants. » Et, quelle peut être au milieu d'un semblable état de choses l'attitude du ministère? Dans quelle dépendance les membres du cabinet ne se trouvent-ils pas vis-à-vis des princes?

« Vous vous rappelez, dit M. Lherbette, que les résistances du précédent gouverneur de l'Algérie avaient occasionné des embarras au ministère; que M. le ministre des affaires étrangères nous a dit qu'il fallait en certaines circonstances savoir excuser quelque indépendance de la part d'un homme qui rend de grands services au pays. Croyez-vous que le ministère ne se montrera pas encore moins impérieux vis-à-vis d'un prince que vis-à-vis d'un maréchal? Croyez-vous que la discussion des actes du prince sera toujours libre à cette tribune? Croyez-vous qu'il ne pourra pas se présenter telle éventualité où ce ne sera pas du ministère qu'émaneront les ordres réels qu'il recevra.

« Cet accaparement de fonctions politiques et militaires par les princes, n'est-ce pas là le caractère d'un gouvernement dont le véritable nom ne peut plus être celui de constitutionnel.

« Vous voulez faire une vice-royauté de l'Algérie! Il est impossible qu'un homme,

8.

prince ou particulier ne considère le dévouement à sa personne comme le premier des dévouements, comme le premier des mérites. L'armée doit-elle s'habituer à penser que ce n'est plus sur les champs de bataille que se gagnent les grades et les honneurs?

« A l'égard du trône ne peut-il se présenter un jour une circonstance, où l'influence acquise par les princes autour du trône, puisse lui être nuisible ou nuisible à l'héritier présomptif de la couronne. »

M. Lherbette terminait enfin son discours en proclamant que le roi seul régnait, et gouvernait contrairement à la Charte constitutionnelle de 1830.

C'était aller infiniment trop loin; cet acte d'accusation pouvait en effet se résumer ainsi : Le roi Louis-Philippe souverain absolu et suscitant pour l'avenir à ses héritiers le fléau d'une nouvelle maison de Bourgogne.

M. Guizot, président du Conseil, fit à ce discours une réponse décisive.

On nous permettra d'en reproduire les principaux passages. Jamais peut-être le ministre ne fut mieux inspiré : il obtint ce jour-

là un de ses meilleurs et de ses plus vifs succès oratoires.

Après avoir fait remarquer que le gouvernement parlementaire existait, et qu'on ne
saurait le nier en présence des discussions
violentes et passionnées dont le pouvoir était
l'objet chaque jour de la part de l'opposition,
M. Guizot réclama hautement la responsabilité de ce qui se faisait.

« L'honorable préopinant, ajouta-t-il, a une
façon d'attaquer qui est en vérité bien com-
mode. Il parle d'une grande maîtrise de l'artillerie, d'une connétablie, d'une vice-royauté
d'Afrique, puis il nous attaque sur tout cela.
Tout cela n'est pas ; pas une de ces choses
n'existe ; mais il vous dit, elles seront, et il
vous donne ses prophéties pour des faits dont
nous sommes responsables. (On rit.) Pas
un de ces faits n'existe, et avec une probabilité
qui approche beaucoup de la certitude, je
dis que pas un de ces faits n'existera, car jusqu'ici je ne vois pas d'intérêt public à ce qu'ils
existent et j'en vois à ce qu'ils n'existent pas.

« Le prince appelé au gouvernement de
l'Algérie a bien compris, et nous avons pensé

comme lui que ses fonctions devaient être exactement les mêmes que celles de son honorable prédécesseur[1]. C'était le moyen de bien caractériser la situation, de montrer que, sauf son rang personnel, ses fonctions seraient exactement les mêmes que celles de l'honorable maréchal Bugeaud, et qu'il entrait également dans le gouvernement représentatif et dans la responsabilité ministérielle.

« Le gouverneur général a un chef, le ministre de la guerre. Ce qu'il fait, quand le ministre l'approuve, il le prend sous sa responsabilité ; s'il ne l'approuvait pas, vous verriez que l'autorité ne manquerait pas au ministre pour dégager sa responsabilité. (Très bien.)

« On a dit aussi que dans les comités de la guerre, les princes disposaient de tout. Mais les comités ne sont pas changés depuis que les princes y sont entrés ; leurs attributions, leur mode d'action n'ont point changé.

1. Toutefois M. le duc d'Aumale n'avait pas voulu que ses fonctions fussent rétribuées et il avait fait abandon à l'État du traitement inhérent à la situation de gouverneur général.

« Vous vous faites, laissez-moi vous le dire, une bien pauvre, une bien honteuse idée des hommes dès qu'ils approchent des princes. (Très bien.)

« Est-ce qu'il est entré dans les mœurs de notre temps, qu'on ne puisse être à côté d'un prince, lui parler ou parler de lui sans l'injurier ou sans se mettre à ses pieds, sans tomber dans la servilité ou dans l'insolence. (Vives acclamations.)

« C'est avoir de notre temps, de notre nation, de ses agents, de son cabinet, de tous les hommes qui prennent une part aux affaires du pays, c'est avoir, dis-je, une idée honteuse, une idée indigne de nous, indigne de vous, indigne de ceux devant qui vous parlez et que pour mon compte je repousse avec une véritable indignation. (Nouvelles acclamations.)

« Vous citez des exemples étrangers; mais prenez l'Almanach royal d'Angleterre de toutes les époques; vous trouverez fréquemment les princes revêtus des hautes fonctions dans l'État. Pourquoi? Est-ce qu'on a peur des princes dans ce pays-là. Est-ce qu'on ne sait pas les soumettre à la responsabilité qui doit couvrir leurs actes ? Non, messieurs, on ne les craint pas et on les respecte.

« On sait se servir d'eux dans l'intérêt de l'État et on sait leur résister. Voilà ce qu'il faut que nous apprenions et nous pratiquions à l'égard des princes et à l'égard de la couronne. »

Après avoir énuméré les diverses raisons qui avaient motivé la nomination de M. le duc d'Aumale, le ministre terminait ainsi :

« Oui, c'est vrai, nous sommes profondément monarchiques, nous croyons que le gouvernement représentatif n'exclut pas la monarchie, et quand nous trouvons les occasions de donner à nos princes le moyen de se signaler devant le pays, de faire connaître leur valeur réelle, de se montrer tels qu'ils sont, tels que nous les connaissons, non seulement nous ne laissons pas échapper ces occasions, mais nous les saisissons avidement.

« Ce que nous avons fait dans cette circonstance particulière, nous le ferons dans toutes les autres occasions. Nous n'en laisserons pas échapper une de mettre nos princes en lumière, de les grandir, de les incorporer avec le pays. Nous sommes sûrs qu'ils ne manqueront pas à ces occasions, et ils peuvent être sûrs que nous ne leur manquerons pas davantage. » (Acclamations vives et prolongées.)

M. Lherbette voulut avoir le dernier mot, c'était son droit, et il n'est pas inutile de voir comment il sut en user.

Le lecteur trouvera dans sa réponse toute la moralité du débat :

« Je pense, comme M. le ministre, que les princes ne laissent échapper aucune occasion de se grandir aux yeux du pays et je l'ai dit. Mais je pense qu'ils voudront être grands de leur grandeur et non de celle d'un ministre dont depuis longtemps vous avez pu apprécier les actes. » (Murmures au centre ; à gauche très bien.)

On le voit, la haine de M. Lherbette s'est localisée en présence des sentiments de la Chambre. C'est le ministère seul qu'il attaque et s'il en veut aux princes, c'est surtout parce qu'ils servent leur pays sous la responsabilité de M. Guizot et de ses collègues.

M. le duc d'Aumale quitta Saint-Cloud le 27 septembre pour se rendre à son poste. Mais au moment de partir, il voulut faire du vieux maréchal, son prédécesseur, son maître et son ami, le dernier confident de ses plus intimes préoccupations.

Nous regrettons de ne pouvoir publier la lettre qu'il écrivit la veille même de son départ à M. le duc d'Isly.

Il sera facile toutefois d'en retrouver le sens et l'esprit en lisant la réponse du maréchal.

La Durantie, 12 octobre 1847.

« Mon Prince,

« Je me suis tenu à quatre pour ne pas répondre sur-le-champ à votre excellente lettre du 26 septembre, mais vous étiez en route et vous alliez vous trouver dans tous les embarras des réceptions et des débuts de votre immense gouvernement.

« Aujourd'hui vous n'êtes pas moins occupé, mais il faut bien que je vous dise que votre lettre m'a causé autant de bonheur que les précédentes.

« Vous partez, dites-vous, sans illusion et

sans découragement, convaincu des immenses difficultés de l'œuvre, fort de votre abnégation, de votre zèle et de votre désintéressement, profondément dévoué à votre pays et à ses institutions, dont vous êtes prêt à accepter toutes les conséquences.

« Voilà d'admirables dispositions de l'esprit et du cœur. Pour vaincre les difficultés il ne faut pas d'illusions, il faut voir les choses ce qu'elles sont et parmi les obstacles que vous aurez à surmonter, il faut compter les illusions de la presse, des Chambres et de tout le public qui écrit, parle et influe sur le gouvernement.

« J'étais bien sûr qu'en votre qualité de prince de la dynastie régnante, vous sentiriez plus qu'un simple général la nécessité de vous conformer aux institutions de votre pays. Ne vous ai-je pas vu le plus discipliné, le plus ponctuel de mes lieutenants.

« Vous comprenez que vos résistances aux exigences du gouvernement constitutionnel auraient bien plus de portée que les miennes ; mais vous sentirez en même temps qu'il est des circonstances tellement impérieuses, que dans l'intérêt du pays, il faut savoir dépasser les ordres du ministre de la guerre. Vous auriez comme moi livré la bataille d'Isly sur le territoire marocain, malgré l'ordre de ne pas dépasser la frontière qu'apporta la veille le colonel Foy. Vous auriez aussi continué la campagne de la grande Kabylie, si ayant lancé le général Bedeau dans les montagnes et ne pouvant plus l'arrêter, vous aviez reçu à une journée de Hamza l'ordre de suspendre l'opération précédemment approuvée.

« Vous me dites que vous recevrez toujours mes conseils avec plaisir, mais j'ai la confiance que vous n'en aurez pas besoin. Vous avez déjà, quoique très jeune, une grande expérience. Si quelquefois, par modestie, vous réclamiez mon avis, vous pouvez compter sur mon empressement à vous le donner, et je mettrai plus de soin à le donner juste que si je devais moi-même opérer.

« Agréez, mon Prince, l'assurance de mon respectueux attachement.

« Maréchal duc d'Isly. »

Le 5 octobre 1847, le *Labrador* entrait en rade d'Alger ayant à bord M. le duc d'Aumale.

Une affluence extraordinaire se pressait sur le quai pour acclamer le nouveau gouverneur général.

Au moment où le prince quittait le navire qui l'avait amené de France, M. le général Bedeau lui adressa ces paroles :

« Monseigneur,

« Au moment où V. A. R. met de nouveau le pied sur le sol de l'Afrique, je suis heureux d'être l'organe de la population entière pour vous donner la respectueuse assurance que vous trouverez ici, comme toujours, le plus sincère dévouement, le plus fidèle souvenir des faits accomplis et particulièrement aujourd'hui les plus légitimes espérances. »

Le prince répondit :

« J'accepte avec reconnaissance les vœux pour l'avenir et le bienveillant souvenir d'un modeste passé. Je ne puis apporter à l'Algérie ni les brillants services, ni l'expérience et les hautes qualités de mes illustres prédécesseurs, mais un dévouement sans bornes à mon pays, à ses institutions, à l'œuvre glorieuse et civilisatrice que la France a entreprise sur cette terre. En acceptant la haute et difficile mission qui m'est confiée et qui m'a profondément honoré, j'ai moins compté sur mes propres forces que sur le concours de tous ceux qui m'entourent, sur la valeur de notre armée, sur le mérite tant de fois éprouvé de ses chefs, sur le patriotisme et l'esprit éclairé de la population civile.

« Messieurs, si je puis rendre ici quelques services à la France et contribuer pour ma faible part à la prospérité de l'Algérie, mes vœux les plus chers seront comblés. »

Ces paroles, prononcées avec chaleur, d'une voix ferme et sonore, furent accueillies par les cris unanimes de : Vive le roi ! vive le duc d'Aumale !

Le soir toute la ville était illuminée en l'honneur du Prince. Le général Bedeau avait réuni au palais du gouvernement la plupart des officiers généraux qui commandaient en Afrique : Lamoricière, Changarnier, Baraguey-d'Hilliers, Carrelet, Marey, Yusuf, Levavasseur, Blangini, Rigolt, etc. Un grand nombre de chefs arabes, venus pour saluer le nouveau gouverneur général et lui amener des chevaux de soumission, assistaient aussi à cette soirée.

Le lendemain, 6 octobre, le duc d'Aumale inaugura son commandement par deux ordres du jour adressés, l'un à l'armée, le second aux Arabes.

Dans le premier, il témoignait aux vaillantes légions d'Afrique combien il était fier de se trouver à leur tête, et il saluait d'un dernier hommage l'illustre chef auquel il venait succéder en Algérie.

On nous permettra de rapporter ici dans sa forme originale la proclamation aux Arabes.

« De la part du duc d'Aumale, le fils du roi des Français, gouverneur général de l'Algérie, à tous les Arabes et Kabyles, grands et petits, salut.

« Le roi des Français, que Dieu bénisse ses desseins et lui donne la victoire, m'a confié le gouvernement du royaume d'Alger depuis les frontières du Maroc jusqu'à celles de Tunis.

« Vous avez compris, ô Musulmans, combien le bras de la France était puissant et redoutable, et combien son gouvernement était juste et clément.

« Vous avez obéi à l'immuable volonté de Dieu qui donne les empires à qui bon lui semble sur la terre.

« Vous avez fait votre soumission au maréchal et vous avez éprouvé la bonté de son gouvernement. Vous vous souviendrez toujours qu'il honora les grands, qu'il protégea les faibles et qu'il fut équitable avec tous.

« Rien ne sera changé à ce qu'il avait fait, et ce qu'il avait établi sera maintenu ; car il n'a jamais fait que le bien et il n'a agi que par la volonté du roi des Français. C'est le roi qui lui avait ordonné de se montrer grand et généreux après la victoire. C'est le roi qui a voulu que vos biens, que votre religion fussent respectés et que vous fussiez gouvernés par les principaux d'entre vous, sous l'autorité bienfaisante de la France ; c'est le roi, dont la bonté est inépuisable, qui a pardonné tant de fois aux insensés qui, poussés par de perfides conseils, ont trahi la parole qu'ils nous avaient jurée. Les insensés ont reconnu l'inanité de leurs efforts et la main de Dieu les a frappés jusque sur la terre étrangère où ils avaient cherché un refuge.

« Remerciez Dieu de ce qu'il vous a donné les richesses et les jouissances de la paix en échange des maux inséparables de la guerre.

« C'est pour vous donner un gage encore plus éclatant de ses bonnes intentions à votre égard, que le roi des Français m'a envoyé au milieu de vous comme son représentant sur cette terre qu'il aime à l'égal de la France.

« J'ai déjà vécu parmi vous, je connais vos lois et vos usages, et tous mes actes tendront à augmenter votre prospérité et celle du pays.

« Vous savez que notre parole est aussi ferme que notre force est irrésistible. Vous avez éprouvé la terrible puissance de nos armes; vous avez apprécié chaque jour les bienfaits de notre amitié. Ceux d'entre vous qui sont restés fidèles à leurs serments ont prospéré; ceux qui ont été parjures ont souffert tant de malheurs que le cœur en est profondément accablé.

« Vous connaissez la seule voie qui peut

vous conduire au bonheur; Dieu vous inspirera la sagesse pour y persévérer.

« Salut! »

Qu'il s'adresse à l'armée ou aux Arabes, c'est toujours le même sentiment qui domine chez le jeune prince : reporter sur ceux qui l'ont précédé tout le mérite et toute la gloire de l'œuvre à laquelle il a cependant efficacement collaboré, et se présenter modestement comme le continuateur de leurs travaux.

En dépit de cette modestie, sa personnalité se dégage néanmoins, et son mérite brille au milieu des hautes capacités militaires et administratives qui ont passé en Algérie; elle s'est révélée dans son commandement à Médéah et à Constantine, et elle éclatera chaque jour davantage dans tous ses actes.

« Je sais, lui écrira M. Guizot, dès le 22 octobre 1847, avec quelle ardeur et avec quel succès déjà vous vous livrez aux travaux de votre administration. Cela nous revient de tous côtés, par la malveillance et par les amis. J'en remercie Votre Altesse Royale pour le gouvernement et pour mon propre compte. Vous serez ma force, Monseigneur, dans la lutte très vive que nous prépare la session prochaine. »

Pour terminer notre tâche, il ne nous reste plus qu'à étudier ce gouvernement de quelques mois. Nous le ferons avec certains détails, après avoir commencé, toutefois, par rappeler les événements qui marquèrent la fin de la guerre contre Abd-el-Kader.

Nous verrons ensuite avec quel dévouement le prince se consacra aux affaires d'Algérie.

Il ne lui fut donné sans doute que de poser des principes et de tracer la voie. Ceux qui vinrent après lui se glorifièrent parfois de la moisson, sans se souvenir de celui qui avait semé. Nous en ferons la remarque à l'occasion.

M. le duc d'Aumale est peut-être de tous les gouverneurs d'Algérie, celui qui occupa le moins longtemps son poste; il n'en est point cependant qui ait laissé de traces plus profondes de son passage. Nous suivrons donc ce jeune prince, pour lequel l'avenir s'ouvrait plein de promesses de gloire, jusqu'au jour où il plut à la Providence de changer sa destinée et de l'éloigner de sa patrie !

CHAPITRE V

SOUMISSION D'ABD-EL-KADER.

Après avoir quitté l'Algérie dans le courant de juin 1846, Abd-el-Kader vint s'installer à Aïn-Zhora, sur la rive gauche de la
Moulouïa, fleuve du Maroc qui sort de l'Atlas
et va se jeter dans la Méditerranée, assez près
de nos frontières.

Le maréchal Bugeaud, contraint de renoncer à le poursuivre, établit à l'extrémité ouest
de la province d'Oran un cordon de troupes
chargées de le surveiller. Réduit à un petit

nombre de partisans, l'Émir, incapable de nous inquiéter, pouvait encore par ses intrigues agiter le pays où il s'était réfugié, soulever les populations du Maroc et peut-être ravir son trône au souverain de cet empire.

Ses chances de succès étaient nombreuses : son ascendant sur les tribus marocaines, qui avaient longtemps combattu sous ses ordres, était considérable ; et il était resté pour elles le guerrier le plus illustre de leur race.

Il devait succomber cependant dans cette dernière entreprise. C'est qu'il ne s'agissait plus, en effet, de chasser du pays des étrangers abhorrés et maudits, mais de s'attaquer au chef même de la religion musulmane dans cette contrée, à celui que tous révéraient comme leur souverain légitime et dont le nom se trouvait mêlé chaque jour à la prière des croyants.

Abd-el-Kader dans le Maroc n'était plus comme en Algérie, le prophète-soldat, l'apôtre inspiré de la guerre religieuse, mais seulement un grand vaincu auquel manquait un trône.

Pendant les premiers mois de son séjour à Aïn-Zhora, son attitude fut très réservée : il ne prit aucune part aux efforts tentés par Bou-Maza pour soulever les populations de la frontière. Peu à peu cependant il entra en relations avec les tribus voisines de son camp, et chercha à les rendre favorables aux projets qu'il méditait.

L'Empereur hésita longtemps avant de rompre avec lui. Bien qu'il eût promis à la France, après la bataille d'Isly, de ne pas le laisser errer librement dans ses États, mais de le poursuivre et de le retenir prisonnier, lorsqu'il s'en serait emparé, il ne se pressait guère de tenir ses engagements.

Il avait conservé pour son ancien allié une sorte d'admiration superstitieuse et il craignait, en se prononçant contre lui, de se voir abandonner par beaucoup de ses sujets.

Toutefois, par égard pour nous, et aussi pour se renseigner sur les agissements du chef arabe, il envoya, vers la fin de 1846, un corps de troupes à Taza, dans l'est du royaume.

Abd-el-Kader chercha aussitôt à corrompre

les généraux marocains : des négociations furent entamées et poursuivies ; peut-être allaient-elles réussir, lorsque l'Empereur fut informé de ce qui se tramait. Des lettres interceptées lui apprirent qu'on en voulait à sa personne et à sa couronne.

La peur alors lui donna du courage et il se montra aussi résolu à se défaire d'un hôte devenu dangereux, qu'il avait été mou et hésitant lorsqu'il s'était agi seulement de nous en débarrasser.

Il envoya des agents secrets chez les Kabyles du Rif, pays situé non loin du littoral, vers lesquels Abd-el-Kader portait déjà ses pas.

La perspective de piller la deïra où l'Émir avait rassemblé ses dernières ressources, devait assurer à l'Empereur le concours de ces populations à demi-sauvages.

Il prescrivit ensuite à son neveu, Mouley-Hachem, venu à Taza avec des renforts, de marcher en avant. (Août 1847.)

Abd-el-Kader ne pouvant l'attendre de pied ferme, à cause du petit nombre des siens, résolut de le prévenir. Il se porta à la rencontre des Marocains, les surprit pendant la nuit et les mit en pleine déroute.

Ce succès accrut son audace : à l'entendre, toutes les colonnes ennemies seraient dispersées aussi facilement que celles de Mouley-Hachem et l'Empereur lui-même serait bientôt son prisonnier, s'il se hasardait à prendre le commandement de ses armées.

L'Émir comptait sur ces rodomontades pour effrayer les troupes indisciplinées et peu belliqueuses d'Abder-Rhaman.

En réalité sa situation était des plus critiques. Surveillé à l'est par une division française, cerné au sud et à l'ouest par les troupes de Taza qui s'étaient reformées après leur échec, il ne trouvait aucune sécurité dans les montagnes du Rif où il avait cherché un refuge et un point d'appui. Vers la fin de septembre 1847, il installa son camp à Kasbat-Zelouan, non loin de Melilla, ville espagnole située sur les bords de la Méditerranée.

Les choses en étaient là, lorsque M. le duc d'Aumale vint prendre possession de son gouvernement. On ne pouvait encore prévoir l'issue de la lutte : Abder-Rhaman redoutait

les chances d'une grande bataille et craignait
les défections ; les Kabyles du Rif ne s'é-
taient point encore décidés à agir. Le prince
mit tous ses soins à entretenir, parmi les montagnards et dans l'esprit de l'Empereur, les
dispositions hostiles manifestées déjà contre
l'ennemi commun.

Le général de Lamoricière, commandant
la province d'Oran, reçut l'ordre de prendre
lui-même la direction des opérations et d'é-
tablir son quartier général à Nemours.
(Ghemma-Ghazaouat.)

Une nouvelle armée marocaine, formée à
Fez, quitta cette ville vers le milieu de no-
vembre, se dirigeant sur Kasbat-Zelouan.
Les fils de l'Empereur marchaient à sa tête.

L'Émir allait bientôt se trouver entouré de
toutes parts et il pouvait prévoir le moment
où, pour ne point être jeté à la mer avec ses
partisans, il serait réduit à rentrer en Algérie.

Il essaya alors de renouer des négociations
avec ses ennemis. Il fit partir ostensiblement
pour Nemours son ancien résidant à Oran,
après la paix de la Tafna, avec des lettres pour

M. le duc d'Aumale et le général de Lamoricière. Cet envoyé revint sans réponse écrite :
« Le meurtrier de nos soldats prisonniers, lui fit dire le commandant de la province d'Oran, peut recourir à la générosité et à la clémence du roi, mais tout traité avec lui ou ses adhérents et toute reconnaissance d'une autorité quelconque en sa faveur sont impossibles. »

Et pour accentuer l'effet de ces paroles, le général français se rapprocha de la frontière et se porta lui-même à Sidi-Mohammed-el-Ouassini, près de Lalla-Maghrania.

Les émissaires envoyés vers les fils de l'Empereur ne furent pas plus heureux ; on les renvoya en déclarant que seul le lieutenant Bou-Hamedi serait agréé pour porter à Fez la soumission de l'Émir et des réfugiés composant la deïra.

Après avoir hésité quelques temps, Abd-el-Kader se résigna à subir cette condition : son meilleur et plus dévoué kalifa se mit en route avec quatre personnages de distinction, deux chevaux de soumission et un mulet portant une somme importante.

L'Émir alors quitta Kasbat-Zelouan et

descendit sur la rive gauche de la Moulouïa
jusqu'à un endroit appelé Enerma. Appuyée
d'un côté à la rivière, de l'autre aux montagnes de Kebdana, dont les habitants voulaient rester neutres, la deïra se trouvait
dans une position facile à défendre. (Rapp.
Lamoricière, 16 décembre 1847.)

Le 9 décembre deux cavaliers apportèrent
la réponse d'Abder-Rhaman. Celui-ci refusait
de croire aux protestations de l'ancien sultan
d'Algérie tant qu'il resterait où il était; mais
il l'engageait à se rendre à Fez, promettant
de le bien traiter et de donner des terres
aux populations de la deïra. « Si l'Émir refuse
ces conditions, ajoutait l'Empereur, la route
du désert est libre; il peut la prendre. Sinon
je lui ferai la guerre pour exécuter le traité
passé avec le gouvernement français. »

Abd-el-Kader savait trop le traitement que
l'Empereur lui réservait pour s'arrêter à ses
propositions. Une seule bataille pouvait
d'ailleurs changer la face des choses; vainqueur il marchait sur Fez et menaçait le
souverain du Maroc. Il réunit donc sa deïra,
lui fit connaître ses desseins et n'hésita pas

à demander un dernier et suprême effort à ceux qui avaient si étroitement lié leur destinée à la sienne. Tous jurèrent de lui rester fidèles.

Sans perdre de temps il se dirigea alors avec douze mille cavaliers et mille fantassins vers les camps ennemis installés à Aïn-Tighaout. Il voulait, comme la première fois, tomber sur eux à l'improviste et à la faveur de la nuit.

Quatre chameaux, enduits de goudron puis recouverts de feuilles sèches réduites en étoupes et enduites aussi de goudron auquel on mit le feu, furent chassés vers le maghzen de l'Empereur, composé de cavalerie et de troupes peu solides.

L'effet de cette apparition fut instantané: les Marocains s'enfuirent épouvantés. Les réguliers en massacrèrent un grand nombre et s'emparèrent du camp (11 décembre). Cet heureux coup de main demeura cependant sans résultat. Abd-el-Kader avait trop peu de monde avec lui pour empêcher ses ennemis de se reformer et pour consommer leur défaite.

Après avoir pillé le camp il revint en toute hâte prendre sa deïra pour la conduire à l'embouchure de la Moulouïa, entre la rive gauche de ce fleuve et la mer.

Les chefs marocains rallièrent leurs troupes et marchèrent sur ce point avec des forces considérables. Mais déjà les montagnards du Rif, qui n'attendaient qu'une occasion favorable pour fondre sur Abd-el-Kader, avaient commencé la lutte.

Acculé sur le rivage de la mer, et protégé à gauche par le fleuve, l'Émir tint tête pendant toute la journée du 12 décembre aux tribus kabyles, qui se ruèrent contre lui avec une fureur sauvage, et ne s'arrêtèrent qu'épuisées de fatigue et à bout de munitions.

Si les troupes marocaines eussent donné ce jour-là, c'en était fait de la deïra et de son chef; mais dans toute cette campagne elles devaient se borner à soutenir les Riffains sans entrer sérieusement en ligne.

Le général de Lamoricière cependant surveillait attentivement la frontière, et envoyait aux Kabyles qui lui en demandaient, de la poudre et des balles.

Pendant quelques jours le mauvais temps fit suspendre le combat. Mais déjà Abd-el-

Kader avait perdu tout espoir : ses frères Sidi-Mustapha et Sidi-El-Ouassini l'abandonnèrent et vinrent demander l'aman à M. de Lamoricière. Pour lui, il attendit que le temps lui permît de franchir le fleuve et de conduire ses partisans sur le territoire français ; il se réservait ensuite de s'enfoncer, libre quoique vaincu, dans les profondeurs du désert.

Le 21 décembre les pluies avaient cessé, la Moulouïa était rigoureusement guéable.

La deïra commença à effectuer son passage. Les montagnards attaquèrent aussitôt, appuyés plus vigoureusement cette fois par les troupes de l'Empereur.

L'Émir avec huit cents hommes, ses derniers soldats, contint jusqu'au soir cette armée de plus de vingt mille hommes.

La rive du fleuve fut jonchée de cadavres, mais du moins, ni un mulet, ni un bagage ne restèrent en arrière.

Les braves réguliers s'étaient montrés dignes de leur vieille réputation dans ce combat qui couronnait les exploits de leur chef.

Aussitôt que le dernier soldat eut passé

le fleuve, les Marocains cessèrent le feu, laissant aux Français le soin de tirer parti de la victoire.

Abd-el-Kader conduisit dans la soirée du 21 décembre les populations de la deïra de l'autre côté d'un petit cours d'eau, le Kiss, dans le pays des Msirdas. Là il leur fit ses adieux et les engagea à se rendre au camp français pour y faire leur soumission.

Puis, accompagné des principaux chefs et des plus riches de ses serviteurs, il descendit jusqu'aux sources du Kiss, espérant gagner le désert après avoir traversé le pays des Msirdas et des Beni-Snassen, où il comptait encore un certain nombre d'amis.

Il cheminait seul en tête de l'émigration, demandant sa route aux tribus échelonnées sur son parcours, et qui le regardaient tristement s'éloigner pour jamais.

Arrivé chez les Beni-Snassen, l'Émir se dirigea aussitôt vers le col de Kerbous qui débouchait dans la plaine, à une lieue de notre frontière, et qui lui offrait le seul passage, il le croyait du moins, par où il pût se soustraire aux Marocains et aux Français.

Le général de Lamoricière, informé des projets du chef arabe et du chemin qu'il suivait, résolut de lui barrer la route.

Il était alors à Sidi-Mahommed-el-Ouassini, à deux lieues au sud du col; les Marocains se trouvaient à cinq lieues au nord.

Il fallait prendre ses mesures sans donner l'éveil aux tribus voisines, qui n'auraient pas manqué d'avertir Abd-el-Kader.

Les bagages et le convoi devaient nécessairement franchir le point indiqué, mais l'Émir et ses cavaliers pouvaient passer partout ailleurs; il lui suffisait d'être prévenu pour échapper.

Le général de Lamoricière resta donc à son camp, mais il fit partir vers le col deux détachements de vingt spahis, revêtus de burnous d'Arabes de la frontière.

Le premier détachement, sous les ordres du lieutenant Ben-Krauïa, devait occuper le défilé pendant que le sous-lieutenant Brahim conserverait une position intermédiaire entre ce point et le camp.

Vers deux heures du matin, lorsque le général crut pouvoir faire son mouvement sans danger, il partit avec toute sa cavalerie et se dirigea vers la frontière.

Il apprit bientôt que Ben-Krauïa était engagé.

Les spahis installés au col de Kerbous avaient aperçu, vers le milieu de la nuit, une troupe de cavaliers qui venaient de leur côté. Quelques coups de fusil furent alors échangés, puis on se mit à causer comme c'est l'usage entre Arabes.

Abd-el-Kader vit bientôt qu'il avait affaire à des indigènes au service de la France, et de son côté Ben-Krauïa comprit que le fils de Mahhy-Eddin était en face de lui.

Nos soldats, trop peu nombreux cependant, ne pouvaient songer à s'emparer de sa personne. L'Émir et son escorte se tenaient à distance, prêts au moindre mouvement des nôtres à se disperser dans la montagne. La nuit noire devait favoriser leur fuite; mais déjà Abd-el-Kader ne songeait plus à s'échapper.

De tous les sentiers qu'il pouvait prendre, il avait plu à Dieu de lui faire suivre celui que gardaient des troupes françaises; son sacrifice était fait ; il se soumit à sa destinée, appela Ben-Krauïa et le chargea de porter à son général un papier sur lequel son cachet était imprimé. Le vent, la pluie et l'obscurité empêchaient de rien écrire.

Ben-Krauïa partit avec deux hommes dévoués à l'Émir et rejoignit M. de Lamoricière à peu de distance de la frontière.

Le général promit l'aman et remit aux envoyés, comme gage de sa parole, son sabre et le cachet du commandant Bazaine.

Vers onze heures du matin seulement, Ben-Krauïa revint avec une lettre dans laquelle notre ancien adversaire demandait l'autorisation de se retirer à Alexandrie ou à Saint-Jean-d'Acre.

M. de Lamoricière prit immédiatement les engagements qu'on lui demandait, convaincu que le seul moyen d'affermir la paix en Algérie était d'en éloigner à tout jamais Abd-el-Kader. Il revint ensuite à Mohammed-el-Ouassini pour réunir ses troupes et se rendre à Nemours où M. le duc d'Aumale, instruit des événements, devait arriver le jour même avec le général Cavaignac.

Apprenant que les Msirdas se préparaient à
piller la deïra encombrée de malades et de
blessés, il avait envoyé dans la matinée le
colonel de Montauban avec cinq cents cavaliers pour la protéger. M. le colonel de Mac-
Mahon avait été également chargé d'explorer
le pays et de recueillir les derniers partisans
du chef arabe qui erraient à l'aventure dans la
campagne.

L'Émir apprenant les dangers que courait
sa deïra, était allé à son secours après avoir
reçu le sabre de M. de Lamoricière.

Vers une heure de l'après-midi, le détachement de M. de Montauban aperçut une tren-
taine de cavaliers qui s'avançaient de son
côté, et agitaient leur burnous en signe de
soumission.

Abd-el-Kader se trouvait au milieu d'eux.
Le colonel le reçut avec respect au pied du
Marabout de Sidi-Ibrahim, à cet endroit même
où, quelques années auparavant, avaient été
faits prisonniers les trois cents Français massacrés par Ben-Thami.

Lamoricière arriva bientôt. L'Émir parut
alors éprouver un dernier sentiment d'orgueil

en voyant ces braves soldats qu'il avait rencontrés sur de nombreux champs de bataille, l'accueillir au son des fanfares et lui rendre les honneurs militaires. On se dirigea ensuite vers Nemours.

Pendant toute la route, le prisonnier se renferma dans une gravité triste qui lui était, dit-on, habituelle et qui convenait tout particulièrement à sa situation présente.

Il avait trente-huit ans. Sa physionomie était intelligente, ses yeux grands et noirs avec un regard impérieux et dur. Sa barbe clairsemée se terminait en pointe : il rappelait, moins la douceur, la figure traditionnelle du Christ. Sa voix était grave et sonore, sa taille robuste et bien prise. Il était vêtu comme un simple Arabe. (*Moniteur.*)

En arrivant à Nemours, il était exténué de fatigue et demanda quelques moments de repos pour faire ses prières, et prendre un peu de nourriture avant d'être conduit devant le gouverneur général.

Pendant ce temps M. de Lamoricière se rendait près du prince et lui faisait le récit des événements.

Le duc d'Aumale l'écouta avec une grande attention, se fit rendre compte des moindres détails, réfléchit aux difficultés que les engagements pris par le général allaient créer au gouvernement du roi, mais n'hésita pas à approuver sa conduite.

« — Vous avez bien agi, dit-il à son lieutenant, à votre place j'aurais fait de même. Je ratifie la parole que vous avez donnée. »

Le général Cavaignac, qui avait pris part à l'entretien, fut du même avis.

On s'entretint ensuite pendant quelques instants de l'opposition que la soumission de l'Émir, acceptée avec la condition que l'on sait, ne manquerait pas de rencontrer dans le parlement. M. de Lamoricière se tournant alors du côté du général Cavaignac et faisant allusion à ses relations avec les républicains :

— Si on nous attaque à la Chambre, lui dit-il, est-ce que vos amis nous défendront ?

— Cela, par exemple, je n'en sais rien, répondit Cavaignac en souriant.

Deux heures après son arrivée à Nemours, Abd-el-Kader fut conduit devant le gouverneur général.

Le fils du roi le reçut entouré de son état-major et assis. L'Émir déposa ses sandales à la porte et vint baiser la main du vainqueur de la smalah.

Le cœur de nos officiers se serra douloureusement à la vue de cet homme dont ils oubliaient les talents et la gloire pour ne voir en lui que le meurtrier de leurs camarades.

Le même souvenir agitait l'âme d'Abd-el-Kader et couvrait ses traits de confusion.

Dieu lui avait imposé, au dernier jour de ses revers, cette suprême humiliation de demander merci à ceux dont le séparaient les plus tristes et les plus sanglants souvenirs.

Cette première entrevue, si pénible par les rapprochements qu'elle provoquait, fut très courte.

Le gouverneur général renouvela à l'Émir la promesse que lui avait donnée M. de Lamoricière, en lui faisant connaître toutefois qu'il ne pouvait prévoir quel compte en tiendrait le gouvernement.

Il lui annonça également que, dès le jour suivant, il l'embarquerait pour la France avec tous les siens.

10.

On le ramena ensuite à l'hôpital de Nemours où il avait été installé provisoirement.

Le lendemain matin, comme le prince revenait de passer la revue des troupes du général de Lamoricière, Abd-el-Kader se présenta devant lui à cheval, entouré de ses principaux chefs : il mit pied à terre à quelques pas de M. le duc d'Aumale et, s'avançant vers lui :

« — Je t'offre ce cheval, dit-il, le dernier que j'aie monté ; c'est un témoignage de ma gratitude et je désire qu'il te porte bonheur.

— Je l'accepte, répondit le prince, comme un hommage rendu à la France dont la protection te couvrira désormais, et comme un signe de l'oubli du passé. »

Le soir même (23 décembre) l'Émir fut embarqué avec sa femme, ses enfants et ses serviteurs sur le *Solon*.

Le lendemain, pendant que le prince, parti de Nemours sur le même navire, débarquait à Mers-el-Kébir pour se rendre à Oran, l'ancien sultan et sa suite prenaient place sur l'*Asmodée*, qui mit immédiatement à la voile et se dirigea vers Toulon.

Cet événement fut diversement apprécié en France et en Afrique.

A Paris, on regretta que l'Émir n'eût pas été pris sans conditions. L'opposition dans le parlement profita de cette circonstance pour attaquer la nomination du duc d'Aumale.

Nous savons déjà comment le cabinet répondit aux discours de M. Lherbette et de M. de Boissy.

Les ministres ne croyaient pas toutefois pouvoir autoriser le prisonnier de la France à se rendre à Saint-Jean-d'Acre, où il eut été sous l'autorité de la Porte, qui n'avait pas reconnu notre domination en Algérie.

Alexandrie, au contraire, dépendait de l'Égypte ; il n'y avait aucun inconvénient à laisser l'Émir s'établir dans cette ville. Le ministère entra en pourparlers avec le Pacha pour obtenir des garanties contre un retour possible d'Abd-el-Kader dans son ancien empire. Un arrangement allait être conclu lorsque le gouvernement de Juillet fut renversé.

En Afrique, la soumission du chef arabe produisit un effet considérable.

Pendant de longues années, en effet, cet

homme avait maintenu dans l'obéissance les populations de l'ancienne Régence en leur persuadant que se soumettre c'était renier sa foi.

Contraint à son tour de rendre son épée à un général français, il faisait lui-même ce qu'il avait, tant reproché aux tribus d'avoir fait.

Rien dès lors ne devait retarder la pacification générale du pays, et notre brave armée allait enfin pouvoir jouir du fruit de ses efforts.

Au moment où l'ennemi qui nous avait si longtemps tenus en échec se déclarait vaincu, il n'était que juste de se souvenir du vaillant soldat qui, par une longue et rude guerre, avait préparé ce résultat.

M. le duc d'Aumale ne manqua pas cette occasion de reporter, sur le vieux maréchal, tout l'honneur de cet heureux événement.

« — Lorsque ce grand fait s'est accompli, votre nom a été dans tous les cœurs, lui écrivit-il, chacun s'est rappelé avec reconnaissance que c'est vous qui avez mis fin à la lutte, que c'est l'excellente direction que vous avez donnée à la guerre et à toutes les affaires de l'Algérie qui a amené la ruine matérielle et morale d'Abd-el-Kader. » (Extrait de l'ouvrage de M. d'Ideville.) (décembre 1847.)

« — Mon Prince, lui répondit le duc d'Isly (15 janvier 1848), j'étais certain d'avance que vous pensiez ce que vous m'écrivez sur la chute d'Abd-el-Kader.

« Vous avez l'esprit trop juste pour ne pas apprécier les véritables causes de cet événement, et l'âme trop élevée pour ne pas rendre justice à chacun.

« Comme tous les hommes capables de faire de grandes choses, vous ne voulez que votre juste part de gloire et, au besoin, vous en céderiez un peu aux autres.

« Dans cette circonstance, mon Prince, vous m'avez beaucoup honoré, mais vous vous êtes honoré bien davantage. Si votre lettre pouvait être publiée, elle doublerait l'estime déjà si grande que vous portent le pays et l'armée. »

On sait ce que devint l'Émir. Retenu prisonnier après la Révolution de février, il obtint, sous l'Empire, l'autorisation de se retirer en Asie Mineure, où il est mort récemment entouré de l'affection de sa famille.

Le souvenir de Sidi-Ibrahim s'est peu à peu effacé, et l'ancien sultan d'Algérie a racheté le passé par la loyauté de sa conduite et la dignité de sa vie.

CHAPITRE VI

GOUVERNEMENT DE M. LE DUC D'AUMALE

D'importantes réformes dans l'administration de l'Algérie marquèrent les débuts du
gouvernement du prince.

Avant d'en faire l'exposé, il nous paraît indispensable de revenir un peu en arrière, et de rappeler quelle était l'organisation de la colonie sous le commandement du maréchal Bugeaud.

Nos possessions d'Afrique étaient placées sous la haute autorité d'un gouverneur général.

Les trois provinces d'Alger, d'Oran et de Constantine étaient divisées en territoires civils, mixtes et arabes :

Les territoires civils, où les Européens étaient assez nombreux pour justifier l'installation de services civils ;

Les territoires mixtes, où les Européens, moins nombreux que les indigènes, devaient être soumis comme eux au lieutenant général commandant la province ;

Les territoires arabes, peuplés seulement d'indigènes et placés sous la direction du commandant militaire de chaque circonscription.

Les territoires civils étaient administrés par un directeur général des affaires civiles, assisté de trois directeurs : le directeur des finances, le directeur des travaux publics ayant les attributions des ministres des finances et des travaux publics, et le directeur de l'intérieur.

Les attributions de ce dernier embrassaient l'administration civile proprement dite, la colonisation, l'agriculture, l'instruction publique, les cultes, la police générale urbaine et rurale, la presse et généralement tout ce qui ressortissait en France du ministère de l'intérieur.

Dans chacune des provinces un sous-directeur et des commissaires civils, remplissant des fonctions analogues à celles des sous-préfets, étaient les agents immédiats du directeur de l'intérieur.

Les maires, placés à la tête des communes, n'étaient chargés que de maintenir le bon ordre et de tenir les registres de l'état civil.

La population européenne ne prenait aucune part à l'administration du pays : tout le poids des affaires portait sur les représentants de l'autorité centrale.

Ces fonctionnaires, d'ailleurs, quelle que fût leur situation, n'étaient que les agents du ministre de la guerre. Aucune affaire, même la moins importante, ne pouvait recevoir de solution qu'à Paris. Cette centralisation excessive nuisait à la prompte expédition des affaires, et ne tarda pas à soulever les plus violentes critiques dans le parlement.

En Afrique, disait-on, la vie municipale ou départementale n'existe pas; les moindres dépenses ne peuvent être autorisées que par le ministre de la guerre.

En 1846, la seule direction de l'Algérie, à Paris, avait reçu vingt-quatre mille dépêches et en avait expédié vingt-huit mille.

Tout, du reste, devait passer par Alger avant d'être expédié en France. Les directeurs de l'intérieur, des finances et des travaux publics étudiaient toutes les questions sans aucune exception. Quand ils avaient ainsi entassé dans leurs bureaux toutes les affaires, ils pliaient sous le faix, et, noyés dans les détails, ils ne pouvaient plus s'occuper des intérêts généraux ; après s'être épuisés à répondre à des questions d'éclairage et de pavage, ils négligeaient, faute de temps, les grands travaux de la colonisation européenne.

Les affaires des particuliers n'aboutissaient pas davantage. Des propriétaires français avaient été quatre ou cinq ans avant d'obtenir une concession promise. De pauvres émigrants étaient morts dans les carrefours d'Alger avant qu'on leur eût fait savoir quelle résidence leur avait été assignée.

On demandait donc que la centralisation à Paris fût restreinte autant que possible, et que la plus grande partie de l'administration se fît en Afrique; on insistait également pour que les rouages de l'administration fussent simplifiés, et qu'une partie des attributions des pouvoirs directoriaux fussent déférées désormais à des autorités municipales. (Rapport de M. de Tocqueville, session de 1846.)

La plupart des griefs relevés contre l'organisation de l'Algérie étaient fondés. Des réformes étaient urgentes. M. le duc d'Aumale en prit l'initiative dès que sa nomination au poste de gouverneur général eût été décidée.

De concert avec le général de Lamoricière, il élabora plusieurs projets d'ordonnances qui modifiaient complètement l'administration de l'Algérie.

Le premier de ces projets, sanctionné par l'approbation royale, supprimait les directions des finances, de l'intérieur et des travaux publics. Il établissait dans chaque province, à Alger, à Oran et à Constantine, un directeur des affaires civiles avec les attributions des préfets de France.

Le directeur pour le territoire civil, et le lieutenant général pour le reste de la province, devaient centraliser désormais toutes les affaires au chef-lieu, les examiner, les mûrir et les transmettre pour être résolues, soit à Alger, soit directement à Paris au ministère de la guerre.

L'administration était désormais plus facile. Le gouverneur général et le ministre n'avaient plus qu'à revêtir de leur approbation des mesures dont l'utilité avait été reconnue sur place.

Les directeurs et les lieutenants généraux avaient du reste le droit de traiter eux-mêmes certaines questions au grand avantage du pays et des particuliers.

Ainsi, à partir de cette époque, ils purent délivrer, sur les territoires où s'exerçait leur autorité, des concessions jusqu'à concurrence de vingt-cinq hectares. Pour celles de vingt-cinq à cent hectares le gouverneur général était compétent: la décision du ministre ne devenait nécessaire qu'au-dessus de ce chiffre.

Grâce à cette mesure, la colonisation devait faire des progrès plus rapides. Les détails étaient simplifiés et les pertes de temps diminuaient.

Les petits colons, assurément les plus intéressants, pouvaient en outre être installés sans retard sur leurs immeubles; ce qui était pour eux inappréciable.

Le prince ne pensait pas cependant que ce fût assez d'avoir créé l'organisation départementale, autant du moins que cela était possible en Algérie; il voulait que les communes fussent constituées comme en France.

Un nouveau projet, rédigé par lui et M. de Lamoricière, puis remanié au point de vue juridique par un président de section au Conseil d'État, fut accepté par le gouvernement et devint l'ordonnance du 28 septembre 1847.

Cette ordonnance accordait aux maires, adjoints et aux conseils municipaux d'Algérie, les attributions conférées en France aux mêmes magistrats et aux mêmes corps par la loi du 18 juillet 1837.

Toutefois, la nomination des conseillers municipaux fut réservée, suivant le cas, au souverain ou au gouverneur général; car dans des communes composées, comme celles de l'Algérie, d'éléments si divers sur un territoire à peine conquis, il n'était guère possible de remettre à des électeurs, déterminés dans les conditions de la loi du 23 mars 1831 (article 10 et 11), le soin de choisir les conseillers municipaux.

On préféra laisser leur nomination au pouvoir central, ainsi que cela se pratiquait d'ailleurs en France, sous le régime de la loi du 28 pluviôse an VIII.

Ces réformes furent accueillies en Afrique avec une grande satisfaction. On pouvait à bon droit les considérer comme le don de joyeux avènement du duc d'Aumale, car pendant les six mois qui avaient précédé son arrivée à Alger, il n'avait cessé de prendre la part la plus active à la rédaction de ces ordonnances.

Nous avons vu, dans un chapitre précédent, que le jour où le prince débarqua en Afrique, les trois généraux commandant les provinces se trouvaient à Alger pour le recevoir. Les directeurs des affaires civiles y étaient également.

Le fils du roi eut la bonne fortune de pouvoir réunir sous ses ordres les officiers les plus illustres de son époque.

Changarnier, plein de décision et d'entrain, magnifique sur le champ de bataille : « Le premier des trois au combat, disait de lui le maréchal Bugeaud,... et le premier après moi ! »

Bedeau, officier d'un rare mérite et d'une grande énergie dans l'action, profondément religieux, presque ascète, très dévoué aux princes, mais gardant toujours au fond de son cœur le souvenir de la cocarde blanche qu'il avait arrosée de ses larmes, avant de l'arracher de son képi de sous-lieutenant.

Lamoricière, bouillant et pétulant, quoique breton, un peu indécis dans le conseil, manquant quelquefois de coup d'œil au moment décisif, mais officier général d'une grande bravoure et administrateur consommé.

Ces trois noms, populaires en Afrique comme en France, résumaient pour ainsi dire l'histoire de l'Algérie depuis 1830. Ils avaient été mêlés à toutes les luttes et à tous les travaux.

La place de ces généraux restait donc marquée après la conquête sur la terre d'Afrique, car personne n'était plus capable qu'eux d'y fonder une colonie française.

Quels magnifiques progrès eussent pu être réalisés si M. le duc d'Aumale eût conservé son commandemant seulement pendant quelques années, entouré de Changarnier, de Bedeau et de Lamoricière.

Mais le vent des révolutions devait bientôt les disperser et les envoyer tous successivement en exil. La Révolution de 1848 n'expulsa que le prince ; le coup d'État de décembre expulsa ses trois collaborateurs.

A côté des généraux commandant les provinces, les ministres de Louis-Philippe avaient placé pour administrer les territoires civils des hommes distingués et capables : M. Vaïsse, préfet de Perpignan, venait d'être appelé à la direction générale des affaires civiles; MM. Boselli, Mercier et Chauvy, anciens sous-préfets, avaient été nommés directeurs des affaires civiles d'Alger, d'Oran et de Constantine.

Le prince profita de leur présence pour former un grand conseil de gouvernement. Il voulait les entretenir de la situation des trois provinces, régler avec eux l'application des dernières ordonnances, prendre leur avis sur certaines questions depuis longtemps à l'étude, enfin déterminer les conditions dans lesquelles la colonisation devrait se faire désormais.

Le premier soin du gouverneur fut de hâter l'expédition des affaires les plus urgentes, et notamment l'envoi des propositions budgétaires pour l'année 1848 et 1849.

On était, en effet, au mois d'octobre 1847 et les propositions pour le budget de 1849 n'étaient point encore formulées : le budget local pour 1848 n'était pas préparé. Aucun travail n'avait été fait pour la sous-répartition du budget de l'État pour 1848. Enfin on ne connaissait même pas le chiffre des crédits alloués au budget de l'État pour 1847 (1).

Les fonctionnaires chargés de l'administration du pays, ne sachant de quelles sommes ils pouvaient disposer pour l'exécution de certains travaux, n'avaient pas osé les entreprendre sous leur responsabilité.

Aussi à la fin de l'année 1847, défalcation faite des dépenses effectuées ou à effectuer, le budget colonial offrait-il, sur cet exercice, un reliquat de 2,690,000 fr. et le budget de l'État un reliquat de 386,000 fr.

Cette situation ne pouvait se prolonger sans préjudicier gravement aux intérêts vitaux de la colonie.

Les lieutenants généraux et les directeurs des affaires civiles furent donc priés de hâter l'envoi des propositions budgétaires en retard.

---

1. Par ord. du 21 août 1839, les droits produits et revenus d'Algérie avaient été divisés en deux catégories : Revenus de l'Etat, revenus coloniaux. De même les dépenses avaient été divisées en dépenses à la charge du trésor et dépenses à la charge de la colonie : d'où le budget de l'Etat et le budget colonial ou local.

Deux mois après, les projets de répartition des dépenses à la charge de la colonie et de sous-répartition des dépenses à la charge de l'État pour 1848, ainsi que le projet de budget pour 1849, étaient adressés au ministère de la guerre (1). On y joignit le projet d'organisation communale, conformément à l'ordonnance du 28 septembre, avec toutes les combinaisons financières qui s'y rattachaient (2).

Une autre question importante, restée sans solution, fut soumise au Conseil. Il s'agissait de l'indemnité due aux propriétaires dépossédés à la suite de la conquête.

Aussitôt après la prise d'Alger, on s'était trouvé forcé, soit pour loger les troupes, soit pour fortifier certains points, soit pour ouvrir des routes, d'exproprier de nombreux immeubles sans s'être concerté au préalable avec les propriétaires, et sans avoir fait constater l'état des lieux par une expertise.

1. Le budget colonial pour l'exercice 1847 fut approuvé le 13 décembre 1847. — Le budget de 1848 fut approuvé dès le 5 avril 1848. — Le budget de 1849 ne fut réglé que le 13 décembre de la même année. La République reprenait les anciens errements.

2. Le budget des communes d'Alger, Oran, Blidah, Mostaganem, Bône et Philippeville, constituées en vertu de l'ord. du 28 septembre 1847, fut réglé pour 1848 dès le 10 mars 1848, soit 5 jours après le départ du prince.

Les droits des propriétaires avaient été réservés, mais comme on ne les examina que quelques années plus tard on se heurta à des difficultés presque insurmontables.

Un certain nombre d'expropriés, en effet, las de réclamer et ruinés par une trop longue attente, avaient cédé leur créance à des tiers : la spéculation s'était portée aussitôt sur ces titres, les avait acquis à bon compte et en exagérait ensuite la valeur vis-à-vis de l'administration.

D'autres, plus heureux, avaient été dédommagés de la perte de leurs immeubles ; mais l'État ne disposant pas de ressources suffisantes pour se libérer complètement, leur avait accordé une indemnité liquidée en rente constituée et rachetable, mais calculée au taux de l'intérêt légal dans la colonie à l'époque de l'expropriation, c'est-à-dire à 10 0/0. C'était chaque année, pour le trésor, une charge double de celles que représentaient les rentes ordinaires.

Le prince proposa d'ouvrir un crédit de quatre millions pour rembourser une première partie du capital des indemnités.

Il pensait qu'en empruntant ces quatre millions à 3 ou 4 0/0 d'intérêt on réaliserait une notable économie. De plus ces quatre millions répartis en quatre annuités devaient naturellement être versés dans la colonie, qui en profiterait.

Les propositions adressées dans ce sens au ministre de la guerre furent accueillies avec faveur. Le général de La Rue, directeur des affaires d'Algérie à Paris, les avait prises pour bases d'une ordonnance royale lorsque survint la Révolution de février.

Cette idée si pratique ne fut point cependant abandonnée; un crédit de deux millions fut ouvert par décision du 23 septembre 1848, au ministère de la guerre, afin d'amortir les deux premiers cinquièmes des indemnités dues pour expropriations avant 1845.

Mais la question la plus importante, celle qui devait attirer davantage l'attention du gouverneur général et de ses principaux auxiliaires, était sans contredit la colonisation.

La solution de cette question semblait devoir être l'œuvre personnelle du duc d'Aumale.

Pacifier et coloniser, telle devait être sa tâche comme celle du maréchal Bugeaud avait été d'asseoir la conquête.

Le prince ne put sans doute la mener à bonne fin, ni recueillir le résultat de ses premiers travaux; mais, au moment où il quitta l'Algérie, il avait dégagé les principes et fixé les conditions dans lesquelles les Européens et les indigènes pourraient vivre côte à côte.

Nous avons indiqué ailleurs comment la colonisation s'était opérée jusqu'alors. Les biens du beylick et des anciennes communautés religieuses, ceux des Arabes rebelles à notre autorité avaient été livrés au domaine. Une partie de ces biens avaient été réservée à l'État pour les services publics; tout le reste avait été abandonné à la colonisation.

En 1847 la plupart des immeubles de cette catégorie étaient entre les mains des colons.

Désormais nous allions être forcés, pour continuer l'œuvre entreprise, d'exproprier des tribus amies de la France. Il ne pouvait être question cependant de les refouler au delà des emplacements où les Européens devaient être installés.

C'eût été violer nos engagements les plus sacrés et nous exposer à de continuelles insurrections.

Mais sans déposséder complètement ces tribus on pouvait s'entendre avec elles, leur laisser la portion de territoire qui leur était nécessaire, et attribuer le surplus à la colonisation.

Il est à remarquer d'ailleurs que les indigènes n'étaient pas toujours propriétaires du sol et qu'ils le détenaient souvent, soit comme usufruitiers, soit sans droit aucun.

Nous pouvions donc revendiquer légitimement tous les terrains qui n'appartenaient à personne.

Toutefois il fallait agir avec une extrême prudence, pour ne mécontenter ni froisser les Arabes qui, à défaut de titres, avaient à invoquer une longue et constante possession.

On imagina alors de cantonner les indigènes sur une partie du territoire précédemment occupé par eux, et de les constituer *propriétaires incommutables* des biens qui leur étaient conservés. Ces populations allaient sans doute être obligées d'abandonner certains immeubles qu'elles avaient considéré jusque-là comme leur patrimoine; mais du moins la propriété de ceux qui leur resteraient ne pourrait plus leur être contestée.

On régla d'ailleurs avec le plus grand soin les conditions dans lesquelles s'accomplirait l'opération si difficile et si délicate du cantonnement.

Il était prescrit d'abord de vérifier dans un périmètre donné les titres des tribus et des particuliers, puis de se rendre compte des étendues qu'il était indispensable de laisser aux Arabes; d'apprécier les quantités de terrain effectivement labourées par chaque famille, et de tripler ces quantités pour satisfaire aux besoins de la culture et du pâturage. Toutes les familles qui allaient être ainsi expropriées, devaient, au surplus, recevoir une indemnité soit pécuniaire, soit par des diminutions d'impôt, soit enfin par des travaux d'utilité publique, tels que : routes, ponts, canaux, etc., etc...

Les mesures nécessaires furent prises pour que l'établissement d'étrangers à côté des anciens habitants de l'Afrique eût les caractères d'un bienfait, et non ceux d'une dépossession violente.

Les principes posés pour fusionner les deux races ne furent pas abandonnés après le départ du prince. L'Empire reprit pour son propre compte l'idée du cantonnement des Arabes, telle que l'avaient conçue sept ans auparavant le duc d'Aumale et son entourage.

Le maréchal Vaillant, ministre de la guerre, s'exprimait ainsi, en effet, dans un rapport à l'Empereur, le 17 mai 1854.

« A l'égard des territoires occupés par des usufruitiers et destinés à la colonisation, il était indispensable de prendre des mesures particulières qui, sans porter aucune atteinte aux intérêts légitimes des tribus, permissent de développer à leurs côtés l'élément européen. Il était indispensable, en un mot, de cantonner les tribus.

« Ce cantonnement, tel que mon département l'a compris, n'a rien de commun avec le refoulement opéré en vertu du droit de la force. S'il enlève aux tribus une partie des immenses étendues pour les resserrer dans des limites plus étroites, en échange il substitue à un simple droit de jouissance un droit de propriété incommutable sur la part territoriale qui leur est assignée. » (Rapport à l'Empereur, *Recueil des actes de l'Algérie*, p. 1137.)

Après avoir ainsi pourvu aux besoins de la colonisation, le prince et ses conseillers se préoccupèrent de la situation des Européens placés dans le voisinage des indigènes.

Le maréchal Bugeaud ne croyait pas qu'on pût jamais laisser des familles de pauvres gens, composées en grande partie de vieillards, de femmes et d'enfants, s'installer impunément au milieu de tribus habituées au pillage et à la rapine, et il avait lutté de toutes ses forces pour ramener le parlement à ses vues sur la colonisation militaire.

Mais, nous le savons, les Chambres françaises s'étaient montrées inflexibles et avaient cru pouvoir laisser la colonisation civile s'étendre sur tous les points de l'Algérie.

M. le duc d'Aumale ne partageait pas l'imprudente confiance des députés, et il pensait qu'il y avait des précautions à prendre pour assurer la sécurité des personnes.

On décida en conséquence d'entourer, au moyen de postes militaires établis aux points les plus importants pour la défense et sur le parcours des grandes voies de communication, les vallées riches et fertiles où les populations européennes et indigènes pourraient se développer ensemble sans s'exclure.

Ces postes militaires devaient permettre de protéger les colons et de maintenir partout l'ordre et la paix.

Ces dispositions arrêtées, on chercha les moyens de hâter le plus possible les progrès de la colonisation européenne. On s'entretint des mesures à adopter pour diminuer les formalités nécessaires à la délivrance des concessions et débarrasser l'administration d'une foule de détails tels que envois de pièces, rapports directs avec les particuliers, etc. qui absorbaient un temps précieux.

Il fut convenu qu'un état, renouvelé tous les trois mois, et comprenant l'indication des immeubles réservés à la colonisation, de leurs emplacements et de leurs conditions agricoles serait mis dans chaque sous-préfecture de France à la disposition de toute personne qui désirerait en prendre connaissance.

Nos nationaux pouvaient ainsi se rendre compte de la situation des terrains disponibles et il leur était loisible, sans se déplacer, de demander ceux qui paraissaient le mieux leur convenir.

Ils savaient d'ailleurs que les concessions n'étaient accordées qu'à titre provisoire, et qu'elles ne devenaient définitives qu'après l'accomplissement de certaines conditions : construction d'une habitation, ensemencement de terres, plantations, etc.

Il leur importait donc de ne pas disperser mal à propos dans leur voyage les ressources, souvent fort modiques, qui devaient faire face aux frais d'installation.

Parmi les petits colons venus ainsi de tous les points de l'Europe, beaucoup étaient incapables de supporter aucune des charges imposées par l'État.

Le gouvernement, comme nous l'avons vu

plus haut, avait essayé de pourvoir à leur avenir en obligeant les grands propriétaires à les employer sur leurs concessions et à leur donner, au bout d'un temps fixé, une maison et quelques hectares de terre.

Malheureusement on n'avait pas veillé à la stricte exécution de ces obligations; les prétextes n'avaient pas manqué aux capitalistes pour se dispenser de les remplir et les ouvriers, après avoir travaillé pendant plusieurs années au défrichement d'une propriété considérable, s'étaient vus frustrés des avantages qui devaient être leur véritable salaire.

Pour remédier à cette situation, le prince contraignit les grands concessionnaires à restituer à l'État, dans un délai déterminé, un certain nombre d'hectares que l'administration devait se charger elle-même de répartir entre leurs employés.

Il fit également réserver une étendue assez considérable de terres domaniales, pour être attribuées à ceux qui seraient en mesure de les cultiver, grâces aux économies réalisées au service des colons les plus importants. De

cette manière les intérêts du pauvre se trouvaient sauvegardés.

Il ne faut pas, disait le prince, *que l'Algérie puisse devenir une Irlande!*

Ces règles une fois adoptées, on décida de
passer à l'exécution, et on convint d'établir
le cantonnement des Arabes, le plus prompt
possible, dans la partie occidentale de la
Métidja, entre la Chiffa et la mer, le Sahel
des Beni-Menad et les montagnes de Sou-
mata.

Le prince pensant que sa présence pourrait
faciliter le travail qui allait être entrepris
sur le territoire même des tribus, se rendit
au milieu d'elles, dans le courant de novembre 1847.

Il était accompagné du lieutenant-général
Changarnier, de M. Boselli, directeur des
affaires civiles, du colonel de Beaufort et du
capitaine de Genlis, ses aides de camp.

Après avoir visité le pays entre Alger et
Médéah et réglé sur tout son parcours les
intérêts en présence, il se rendit chez les
Mouzaïa et arrêta les études à faire pour
assurer la conservation des bois nécessaires

l'industrie métallurgique, et réserver les terres indispensables à l'agriculture.

Il se dirigea ensuite vers l'ancien camp de la Chiffa, où l'attendait un repas préparé par les soins du caïd des Hadjoutes. (*Moniteur universel.*)

A l'issue de la réunion, le prince entouré de tous les chefs de cette tribu, jadis si hostile à la France, fit connaître aux indigènes et dans les termes les plus conciliants, l'intention formelle du gouvernement de créer avant peu, sur le territoire qu'ils occupaient, de nouveaux villages européens.

Cette ouverture fut accueillie avec les marques de la plus respectueuse soumission, malgré le trouble que l'exécution de la mesure devait apporter dans la constitution de la tribu.

M. le duc d'Aumale donna alors des instructions pour la délimitation des terrains qui devaient cesser d'être occupés par les Arabes, dans l'ouest de la Métidja, puis il rentra à Alger par Koléah.

La commission chargée du cantonnement se mit à l'œuvre avec une grande ardeur.

En moins de six semaines, elle reconnut et délimita toutes les propriétés indigènes qui se trouvaient dans le périmètre tracé par le conseil de gouvernement.

Toutes les contestations relatives à ces propriétés furent résolues sur les lieux, toutes les difficultés furent aplanies, et on peut se faire une idée de l'importance de ce travail en songeant qu'il fallut opérer sur cinquante mille hectares environ. On arriva par ce moyen à rendre quinze mille hectares disponibles pour la colonisation.

C'est sur ce territoire que deux ans plus tard on installera les colons dont la France avait tant d'intérêt à se débarrasser.

Le prince cependant atténuait par tous les moyens possibles l'effet des expropriations auxquelles on était forcé de recourir vis-à-vis des indigènes. Il faisait rendre à beaucoup d'entre eux les immeubles situés dans la plaine de la Métidja, et dont ils avaient été dépouillés pour avoir pris les armes contre nous.

Il recherchait dans quelles conditions les Arabes pourraient transmettre leurs biens à leurs héritiers, et méditait une sorte de concordat entre le Coran et le Code civil. Il songeait à substituer l'impôt foncier pur et simple à l'impôt arabe. Il prescrivait enfin d'étudier et de préparer les bases du régime hypothécaire à établir en Afrique.

Il prétendait que notre voisinage fût pour les indigènes une source de prospérité, et il hâtait l'exécution de grands travaux sur tous les points de l'Algérie.

Faisant une application peut-être sans exemple des connaissances archéologiques aux intérêts les plus positifs, il envoya un savant faire le relevé des stations romaines dans l'intérieur du pays, afin de jalonner en quelque sorte les voies de communication à établir entre Alger et les principales oasis.

Dès la fin de janvier 1848, ce savant (M. Texier, inspecteur des monuments historiques) avait visité les oasis les plus importantes du Sahara, reconnu une foule d'établissements romains, parcouru la province des Zibans, étudié les itinéraires pour l'installation de deux lignes de Philippeville à Biskra et de Biskra à Alger.

12

« — C'est un travail, écrivait l'explorateur, fait d'après les indications du duc d'Aumale, l'idée est neuve et féconde.

« J'ai amassé une ample récolte et pourtant je n'ai fait qu'ébaucher une plus vaste exploration. C'est le temps qui m'a manqué. Il est impossible de faire en quatre mois, même les mieux employés, tout ce qui m'était prescrit par mes instructions. »

En s'occupant ainsi des intérêts matériels des indigènes, le prince ne croyait pas avoir rempli sa mission ; il rêvait encore de relever leur condition morale. Il pensait que pour arriver à ce but il convenait surtout de remettre en honneur l'instruction publique chez les Musulmans.

Tant que la lutte avait duré cette question avait été forcément négligée ; mais après la paix elle prenait une importance qui n'échappait pas à la clairvoyance politique du duc d'Aumale.

Pour désarmer le fanastisme religieux des Arabes ne devait-on pas, en effet, s'attacher à gagner par de bons procédés les marabouts et les savants qui avaient si souvent prêché la guerre sainte ; et d'ailleurs pouvait-on se désintéresser de l'éducation des jeunes indigènes destinés à former la base de la population coloniale.

Dès le début de la conquête, les mosquées et les établissements consacrés à l'enseignement secondaire et à l'enseignement supérieur avaient été transformés en casernes.

Les instituteurs (*Tolbas*) et les savants (*Eulémas*) qui instruisaient le peuple arabe et lui expliquaient le Coran, dépouillés des biens qui assuraient leur existence, s'étaient enfuis. Mais bientôt ils avaient ouvert de nouvelles écoles dans les *zaouïas* (cimetières musulmans) près du tombeau de quelque marabout vénéré, et ces écoles étaient devenues des foyers d'insurrection et des pépinières de bandits.

Dans cette situation, le niveau de l'instruction n'avait pas tardé à baisser, et la jeune génération née pendant la guerre avait grandi dans la plus complète ignorance.

Tous nos généraux considéraient cette ignorance comme un des plus grands obstacles à la reconnaissance de notre autorité.

Les tentatives insensées qu'on avait vu faire
au peuple arabe, dans le cours de ces dernières
années, n'avaient d'autre cause que sa confiance aveugle dans un homme qui dominait
ses compatriotes par ses lumières et son
instruction.

Le duc d'Aumale, pour relever le niveau
intellectuel des indigènes, proposa au ministre d'affecter une somme de quarante mille
francs disponible par suite de réductions de
dépenses, à la création d'une école supérieure
musulmane et d'une école arabe et française
à Constantine ; d'une école arabe et française
à Bône ; à l'entretien et au traitement de
lecteurs et d'interprètes du Coran à Tlemcen,
à Koléah et dans les zaouïas de la province
d'Alger. Le prince cherchait ainsi à former le
plus promptement possible, sous l'égide de la
France, un grand nombre de tolbas destinés
à répandre l'instruction dans les tribus. Il
croyait en outre qu'en favorisant les eulémas,
il trouverait en eux des auxiliaires influents
pour l'œuvre de pacification qu'il avait entreprise. Ces grands et sages projets ne purent
être exécutés.

En 1850 seulement on établit des écoles primaires pour le double enscignement de l'arabe et du français aux enfants musulmans dans les villes d'Alger, Constantine, Bône, Oran, Mostaganem et Blidah. Mais aucune décision ne fut prise à l'égard de l'enseignement supérieur professé par les eulémas.

Combien d'idées fécondes restent ainsi à l'état de lettre morte ! Nos bouleversements politiques, outre les ruines qu'ils entraînent, rendent encore stériles les efforts des esprits généreux !

Nous ne saurions entrer dans tous les détails de l'administration du prince, bien que nous puissions y trouver, à chaque pas, les preuves de son activité et de son dévouement aux intérêts de la colonie.

Nous ne parlerons ni de la création d'une banque au chef-lieu de son gouvernement, au moment où une crise financière, conséquence fatale des spéculations des premiers jours, sévissait avec rigueur ; ni du droit accordé aux négociants d'Alger, sur les instances du duc d'Aumale, de nommer eux-mêmes leurs magistrats consulaires.

12.

Nous ne nous attarderons pas davantage à faire le récit des difficultés survenues entre les ingénieurs et le conseil d'administration, sur la question de savoir si le port d'Alger serait exécuté devant la rade, et à rappeler l'influence heureuse que put avoir sur la solution de ce différend l'avis du gouverneur général.

Mais nous ne terminerons pas cette étude sans exposer brièvement les idées du prince sur les conditions dans lesquelles la presse lui paraissait devoir être placée en Algérie. Ce sera une occasion de montrer que, pour s'être adonné surtout aux travaux de la guerre et de l'administration, le duc d'Aumale n'était pas moins pénétré des idées libérales de son époque.

Le régime de la presse en Algérie avait fait l'objet de nombreuses discussions dans les deux Chambres. L'opposition voulait soustraire ce régime à l'arbitraire administratif et insistait pour que le gouvernement rendît une ordonnance supprimant la censure.

M. Guizot, alors président du conseil, avait ajourné toute réforme de ce genre, et cependant il cherchait une combinaison qui pût satisfaire l'opinion publique sans désarmer le gouvernement.

« — Je désirerais bien, écrivait-il au prince (22 octobre 1847), que V. A. R. pensât sérieusement à la question de la presse en Algérie et m'indiquât ses vues à ce sujet.

« Je persiste à penser qu'il faut maintenir la censure. Mais comment peut-elle être exercée ? Quelle latitude doit être laissée à la libre discussion et manifestation des intérêts locaux ; quelles garanties administratives peuvent être données à cette liberté ? On ne résout pas de telles questions loin des lieux et des faits. Je les recommande à votre méditation. On m'en parlera beaucoup à la session prochaine, et pour pouvoir répondre sérieusement, je voudrais que nous eussions fait d'ici là ce qu'il est raisonnable et possible de faire. »

Le prince avait des idées très nettes sur ce point ; il ne voyait aucun inconvénient à faire entrer la presse en Algérie sous le régime du droit commun.

« — Il lui semblait impossible de consacrer

la censure dans une ordonnance nouvelle. La censure existe, répondait-il à M. Guizot (3 novembre), si on change la législation, comment la rétablir? Comment obtenir du fonctionnaire chargé de l'appliquer, le respect de la liberté en matière d'intérêt local. Quand on le charge d'empêcher toute attaque contre le gouvernement, pourrait-on l'empêcher de censurer les critiques contre son administration. »

Il proposait donc de confier aux magistrats ordinaires l'appréciation et la répression des délits.

M. Guizot résistait cependant, dans la crainte de voir les intérêts les plus importants de l'Algérie, compromis par les excès d'une presse que le retentissement d'un procès ou d'une condamnation ne fait que stimuler.

Le roi partageait les sentiments de M. Guizot et s'exprimait familièrement sur cette question dans ses entretiens avec son ministre.

« — D'Aumale est intraitable, disait-il en riant, mais comme il est très tenace il nous fera peut-être abolir la censure malgré nous. »

Un arrêté du 13 mars 1848, rendu par le

général Cavaignac, plaça la presse en Algérie dans les mêmes conditions qu'en France.

On se borna seulement à interdire toute publication ou article de journal ayant pour objet les opérations militaires, les mouvements de troupes et les travaux de défense, à moins d'une autorisation spéciale de l'autorité militaire.

Le prince s'était donc montré aussi libéral que le général républicain ; ce qui prouve que sur ce point, comme sur beaucoup d'autres, on pouvait obtenir une réforme sans recourir à une révolution.

L'Algérie entrait ainsi dans une ère nouvelle ; elle se sentait réellement gouvernée et elle pouvait concevoir pour l'avenir de magnifiques espérances.

Indigènes et colons d'ailleurs savaient apprécier les services de leur chef; en le voyant si exclusivement préoccupé de leurs intérêts, ils avaient conçu pour lui le plus respectueux attachement.

Nous pourrions multiplier les preuves à ce sujet, nous nous contenterons de rappeler une circonstance dans laquelle ces sentiments se manifestèrent de la manière la plus délicate et la plus touchante.

Mme la duchesse d'Aumale venait d'accoucher d'un prince qui ne vécut que quelques jours, lorsque son mari dut quitter la France pour se rendre en Algérie.

Aussitôt qu'elle fut en état de voyager, elle partit avec son fils aîné, le jeune prince de Condé, et débarqua vers le milieu de novembre sur la terre d'Afrique, où elle devait laisser aussi le durable souvenir de sa bienveillance et de sa charité.

Tout Alger se porta à sa rencontre ; de jeunes Israélites, revêtues de riches costumes, vinrent la complimenter et lui offrir des présents ; sa voiture fut jonchée de fleurs et elle gagna le palais du gouvernement au milieu des acclamations de la foule.

Cet accueil, bien fait pour adoucir l'amertume de la douloureuse épreuve qu'elle venait de subir, lui donnait en même temps la mesure de l'affection que son époux avait su inspirer.

Chacun, en effet, avait confiance en lui ; les progrès accomplis en si peu de temps, étaient un gage certain de la prospérité que l'avenir réservait à la colonie, si la Providence eût permis qu'elle conservât un tel homme à sa tête.

Qui sait cependant si, pressé par cet instinct que les générations actuelles ont du peu de durée et de stabilité des choses, le prince ne s'était pas hâté d'inscrire son nom aux pages de notre histoire nationale?

Mais non, le duc d'Aumale, ne prévoyait pas que sa carrière serait aussi brusquement arrêtée; il formait des projets.

Il attendait impatiemment la fin de l'hiver pour se rendre en Kabylie et y confirmer les heureux résultats obtenus l'année précédente par le maréchal Bugeaud.

Il ne cherchait pas sans doute l'occasion de se signaler par des expéditions nouvelles.

Aussitôt que l'Émir eût fait sa soumission, il avait proposé le retour en France de plusieurs régiments dont la présence n'était plus nécessaire; mais il avait à cœur de consolider notre domination sur tous les points du territoire.

Il projetait de soumettre, dans la province

de Constantine, les tribus installées entre l'Oued-Sebaou et l'Oued-Sahel et de parcourir avec la division d'Alger les circonscriptions Kabyles dépendant de cette province, pendant que le général Bedeau opérerait entre Milah et Collo pour assurer la sécurité aux environs de Constantine, et sur toute la route qui conduit à Philippeville.

Au moment où M. le duc d'Aumale prenait ses dispositions pour une prise d'armes, une révolution était faite à Paris; le trône était renversé, la République proclamée et le prince lui-même remplacé dans son commandement par le général Cavaignac.

La révolution chez nous est un mal périodique avec lequel il nous faut vivre jusqu'à ce qu'il nous tue. A époques fixes, pour ainsi dire, l'autorité devient impuissante en face des passions déchaînées, l'insurrection éclate, le sang coule et tout est de nouveau remis en jeu. Quoi que nous tentions, quels que soient nos efforts pour donner de solides assises à nos institutions, l'équilibre ne se fait pas. L'expérience du passé ne nous profite pas; chaque changement entraîne quelque ruine et rien ne surgit pour remplacer ce qui vient d'être détruit.

La République de 1848, on le sait, fut provoquée par une opposition qui croyait rester dynastique et constitutionnelle, et dont les efforts pour faire triompher une politique plus libérale, vinrent aboutir à l'anarchie, puis au despotisme. Elle fut proclamée par des esprits chimériques ou malsains, avides de transformations sociales ou de désordre.

Au matin du 24 février, la populace des faubourgs descendit des hauteurs où elle se tient d'ordinaire, se répandit sur les boulevards et dans les rues de la capitale, ne trouvant devant elle que des troupes sans chefs ou des bourgeois affolés ; elle se dirigea vers les Tuileries, que le roi mal conseillé venait de quitter, et courut enfin au palais Bourbon où siégeait la représentation nationale.

Lorsqu'elle eut forcé par la violence l'enceinte des lois et chassé les représentants de la France, elle acclama avec enthousiasme quelques noms jetés au hasard au milieu du tumulte et de la confusion, et constitua elle-même un gouvernement provisoire.

Elle entraîna ensuite ses élus au milieu des flots de combattants, ivres de poudre, et les poussa vers l'Hôtel-de-ville où ils devaient être mieux sous la main du peuple de Paris.

« Réuni dans un cabinet étroit, le nouveau gouvernement, à peine protégé par quelques volontaires, s'assit autour d'une table au fracas des coups de feu dans les fenêtres, au mugissement de la place, au bruit des vitres brisées par les crosses de fusil et des portes enfoncées sous le poids des masses. » (*Histoire de la Révolution de* 1848. Lamartine, tome Ier, p. 179.)

On se distribua d'abord les ministères et les hauts emplois, puis on rédigea à la hâte des proclamations jetées à mesure par les fenêtres, et qui apprenaient au peuple que la République était un fait accompli.

Ce que disaient ces proclamations nous n'avons point à le relater ici. On retrouvera d'ailleurs la pensée qui les dicta dans celle que, quelques jours plus tard, le gouvernement provisoire adressait à l'Algérie :

« Au nom du peuple français !

« Colons de l'Algérie,

« Le gouvernement provisoire se préoccupe vivement de la position précaire où vous avez été laissés pendant si longtemps. *Il sait qu'une partie de vos embarras provient de l'incertitude qui jusqu'ici a plané sur l'avenir de l'Algérie. La coupable incurie du gouvernement déchu, sa pusillanimité* peut-être ont empêché le développement de la colonie, où vous n'avez pas craint de transporter dès les premiers jours vos familles et vos capitaux. La République défendra l'Algérie comme le sol même de la France. Vos intérêts matériels et moraux seront étudiés et satisfaits.

« L'assimilation progressive des institutions algériennes à celles de la métropole est dans la pensée du gouvernement provisoire. Elle sera l'objet des plus sérieuses délibérations de l'Assemblée nationale. La France compte sur votre patriotisme pour seconder le gouverneur général investi de la confiance du gouvernement provisoire.

« Paris, le 2 mars 1848.

« Les membres du gouvernement provisoire,

« Dupont de l'Eure, Lamartine, Arago, Crémieux, Ledru-Rollin, Garnier-Pagès, Marie, Marrast, Louis Blanc, Flocon, Albert. »

Maintenant que l'expérience est faite et que les révolutionnaires ont été vus à l'œuvre, quel jugement sévère on peut porter sur ce document tout rempli d'injustes accusations et de fallacieuses promesses !

Quelle mauvaise foi dans le reproche d'incurie et de pusillanimité adressé au gouvernement de Juillet, qui n'avait céssé de poursuivre la pacification de l'Algérie et son assimilation à la métropole.

Le ministère n'avait-il pas fait son devoir en confiant successivement les destinées de la Régence à des hommes de la valeur de Clausel, de Bugeaud, de d'Aumale, avec Changarnier, Bedeau, Lamoricière et Cavaignac lui-même, pour lieutenants.

Le roi n'avait-il pas prouvé l'intérêt qu'il portait à notre établissement d'Afrique en envoyant ses cinq fils se mêler à nos soldats, et partager leurs fatigues et leurs dangers.

Sans doute l'œuvre n'était pas terminée ; il ne suffit pas, en effet, de quelques années de gouvernement pour fonder une colonie, et pour introduire un peuple nouveau sur un territoire conquis et lui faire sa place à côté d'une nation belliqueuse et remuante.

Cependant n'avait-on pas fait pour la colonisation tout ce qu'il était possible de faire à mesure de l'établissement de notre pouvoir.

Chaque jour n'avait-il pas été marqué par une amélioration et par un progrès.

N'était-il pas étrange de voir ces inconnus, qui ne savaient rien de l'Algérie, lui présenter le nouvel état de choses comme une délivrance et l'intérêt qu'ils portaient à la colonie comme une garantie d'avenir.

Quels titres avaient-ils pour parler et se substituer à des princes dont les noms rappelaient aux Algériens tant de glorieux souvenirs :

Les journées du Sig, de l'Habrah et de

Mouzaïa; le siège et l'assaut de Constantine, le passage des Portes de Fer, la prise de la smalah; le bombardement de Tanger et de Mogador; les brillants engagements dans les montagnes de l'Aurès, du Belezma et de l'Ouarensenis; enfin la soumission d'Abd-el-Kader.

Depuis sept ans les colons et les indigènes avaient vu le jeune prince, dont nous nous sommes plus particulièrement occupé dans ce livre, gagner vaillamment ses grades sur le champ de bataille et se préparer par l'administration difficile de deux provinces au gouvernement général du pays.

Quels avantages l'Algérie allait-elle donc retirer de l'établissement de la République? et devait-elle vraiment se réjouir de voir remplacer le dévouement éprouvé du duc d'Aumale par la sollicitude problématique d'un Dupont de l'Eure, d'un Albert ou d'un Flocon?

Que fera d'ailleurs le régime nouveau pour faire cesser l'état précaire de la colonie? Ne le savons-nous pas?

Profitant des cinquante millions si généreusement attribués par l'Assemblée nationale à la colonisation, il rejettera loin de Paris des milliers de brouillons et de rêveurs, et il les enverra peupler de nouveaux villages d'Algérie, pour en débarrasser la France.

Singulier moyen d'assimiler progressivement les institutions algériennes à celles de la métropole.

Non, certes, des proclamations du style de celle que nous venons de reproduire n'honorent point ceux qui les signent. Ce n'est pas par des paroles de haine qu'un pouvoir à peine installé peut faire oublier celui qu'il remplace.

Au mois de février 1848, il a suffi d'une poignée d'hommes en France pour renverser le gouvernement établi et y substituer un état de choses plein d'incertitudes et de dangers.

La nation toute entière a subi le mouvement révolutionnaire qui transformait ses institutions, modifiait ses habitudes, contrariait même ses instincts.

Mais en Algérie, les populations européenne et indigène que les passions politiques n'avaient pu encore travailler, maintenues d'ailleurs dans l'ordre par des troupes bien disciplinées, allaient-elles se résigner sans protestation aux événements qui venaient de s'accomplir ?

Un général habile et populaire gouvernait à ce moment nos possessions d'Afrique avec les pouvoirs les plus étendus.

Ce général, fils du roi que l'insurrection venait de chasser, ne pouvait-il résister au gouvernement provisoire, empêcher le général Cavaignac de débarquer à Alger, et attendre tout au moins que la France eût ratifié la révolution de Février, avant de partir pour l'exil.

Dans quelles conditions se seraient alors trouvés ces hommes qui avaient profité de l'émeute pour ravir la couronne au jeune comte de Paris, et la régence à Mme la duchesse d'Orléans ?

Un danger plus sérieux encore les menaçait. M. le duc d'Aumale, près duquel se trouvait M. le prince de Joinville, pouvait réunir cinquante mille hommes, franchir la Méditerranée, conduit par le vainqueur de Mogador, traverser la France et accourir à Paris disperser les factieux et restaurer la Monarchie.

Légalement, le gouvernement de Juillet n'avait pas cessé d'exister, parce qu'il avait plu à M. de Lamartine de refouler dans son cœur ses sentiments attendris pour Mme la duchesse d'Orléans, et de proclamer la République au milieu d'une bande d'émeutiers.

En prenant en main la cause du roi, leur père, les princes eussent servi d'ailleurs la cause du peuple : car les droits les plus sacrés du pays avaient été méconnus, le jour où les mandataires, régulièrement investis de sa confiance, avaient été dispersés par la force.

Les membres du gouvernement provisoire le sentaient bien :

« Le scrutin arbitraire, particulier, borné à un petit nombre d'insurgés au pied d'une tribune envahie, n'était qu'une usurpation, puissante d'intention, vaine d'autorité sous un simulacre d'élection. *On pouvait leur contester leur titre au nom de la royauté, on le pouvait au nom du peuple.* Derrière eux aux Tuileries, devant eux à l'Hôtel-de-Ville, tout était illégal. » (Lamartine, *ibid.*, t. I, p. 172.)

Comment la France eut-elle accueilli l'armée du duc d'Aumale?

Sur tout le parcours de Marseille à Paris nos vaillants bataillons d'Afrique eussent été sûrement salués d'acclamations enthousiastes.

Que de fois nous avons entendu dire par des hommes appartenant à cette catégorie, qui ne profite pas des révolutions et qui forme en réalité l'immense majorité de la nation : Le 24 février, nous regardions du côté de l'Afrique et nous attendions les princes !

On se souvenait peut-être à ce moment du jeune général qui, un demi-siècle plus tôt, avait quitté l'Égypte dans des conditions bien autrement difficiles, pour aller restaurer l'ordre dans sa patrie.

Quelles légions d'ailleurs, Crémieux, Ledru-Rollin et Garnier-Pagès eussent-ils trouvées pour soutenir leur pouvoir encore mal assuré ? Les soldats de l'armée de Paris se seraient promptement réunis à leurs anciens compagnons d'armes contre les insurgés. Le sang français eût coulé peut-être pour rétablir la royauté ; mais, aux journées de Juin, les anarchistes, dans leur lutte implacable contre la société et au 2 décembre, l'homme qui arracha brusquement le pouvoir à la répu-

blique déjà chancelante l'ont-ils épargné davantage ?

Oui, certes, le duc d'Aumale pouvait réussir dans cet audacieux coup de main, et cependant nous comprenons qu'il ne l'ait pas
tenté et qu'il ait reculé devant une guerre
civile dont la responsabilité eût pesé non seulement sur lui, mais encore sur tous les
siens.

C'était à Paris, d'ailleurs, qu'il fallait résister.

Le roi Louis-Philippe eut tort d'abdiquer
au milieu de la crise du 24 février. Il devait
tout au moins tenir tête à la révolution, conserver au maréchal Bugeaud le commandement des troupes et ne quitter le pouvoir
qu'après l'avoir transmis tout entier à son
successeur. Il était le droit, il avait la force ;
il ne devait pas reculer, mais écraser sans
pitié et sans merci cette armée du désordre,
que rien n'arrête lorsqu'il s'agit d'assouvir
ses haines.

Qui donc pourrait le blâmer s'il avait agi
ainsi ?

Ce ne sont pas les républicains de 1848,
eux qui ont dressé des barricades contre le

coup d'État de 1851 et ont inscrit fièrement sur leur martyrologe les noms de ceux qui sont tombés pour la défense de la Constitution.

Ce ne seraient pas davantage les républicains de 1884. Ils laisseront sans doute gronder l'émeute s'il ne s'agit que d'insulter le souverain d'une nation amie; mais que les soldats de Louise Michel viennent menacer l'Élysée et on verra si le ministre de la guerre ne se résigne pas rapidement à verser le sang du peuple, pour conserver à M. Grévy la douce sinécure qu'il tient des représentants du pays.

Louis-Philippe pouvait donc résister à l'insurrection, et c'était son devoir; mais il n'appartenait qu'à lui seul d'ordonner aux troupes de prendre les armes et de combattre.

Toute autre était la situation du duc d'Aumale.

Pouvait-il intervenir et mettre dans la balance le poids de son épée, lui qui était toujours resté à l'écart des agitations politiques et qui s'était distingué en toutes circonstances par le respect le plus scrupuleux de la loi?

Sans doute la loi avait été violée, mais, était-ce une raison pour quitter son poste, alors qu'il n'avait reçu aucun ordre, s'embarquer avec ses troupes, porter la main sur la patrie et engager une lutte que ni le roi, ni ses ministres, n'avaient cru devoir soutenir.

On a accusé le prince d'avoir manqué, en cette circonstance, d'initiative et d'audace. Non, le héros de la Smalah n'a pas manqué d'audace, mais il n'a pas voulu être de ceux qui s'inquiètent peu de la légalité, lorsqu'il s'agit de conquérir le pouvoir ou de s'y maintenir; et il a donné un grand exemple d'abnégation et de patriotisme qu'on chercherait vainement à une autre page de notre histoire.

La Révolution accomplie, *un fils de France* n'a pu se résoudre à prendre les procédés des républicains pour leur arracher un pouvoir qu'ils avaient usurpé, et il a préféré briser son épée plutôt que de compromettre sa jeune renommée dans une aventure !

Il s'est donc résigné au nouvel état de choses qui lui enlevait une situation légitimement conquise , l'atteignait dans ses rêves d'avenir et le frappait à la fois comme prince, comme citoyen et comme soldat, pour ne point aggraver les maux qui venaient de fondre sur la France.

Cette attitude à laquelle les républicains de 1848, délivrés d'un grand souci, n'ont pu s'empêcher de rendre hommage , semblait devoir lui mériter la respectueuse estime de tous les partis.

Il n'en a point été ainsi cependant, et le nom du duc d'Aumale a figuré sur l'un des plus odieux décrets que les jacobins de nos jours aient rendu contre ceux dont l'illustration personnelle, le mérite et les vertus, jettent un dernier reflet de gloire sur notre époque.

Mais quoi que fassent les gens qui nous gouvernent, ils n'effaceront pas le souvenir que les adieux du prince à ses soldats et aux colons de l'Algérie ont laissé dans tous les cœurs vraiment français.

Lamartine lui-même ne put retenir un cri d'admiration à la lecture de ces proclamations qu'il jugea « dignes des premiers temps de la première République, où l'homme s'effaçait devant la patrie. » (*Histoire de la Révolution*, t. II, p. 70.)

Voici l'ordre du jour adressé par le duc d'Aumale à ses troupes au moment où il se démit de ses fonctions :

« En me séparant d'une armée modèle d'honneur et de courage, dans les rangs de laquelle j'ai passé les plus beaux jours de ma vie, je ne puis que lui souhaiter de nouveaux succès. Une nouvelle carrière va peut-être bientôt s'ouvrir à sa valeur : elle la remplira glorieusement, j'en ai la ferme croyance.

« Officiers, sous-officiers et soldats, j'avais espéré combattre encore avec vous pour la Patrie. Cet honneur m'est refusé, mais du fond de l'exil mon cœur vous suivra partout où vous appellera la volonté nationale ; il triomphera de vos succès. Tous mes vœux seront toujours pour la gloire et le bonheur de la France.

« H. D'ORLÉANS.

« Alger, 3 mars 1848. »

Noble réponse d'un jeune prince de vingt-cinq ans aux injurieux soupçons de l'ancienne opposition et aux proclamations haineuses du gouvernement provisoire.

Le 5 mars, M. le duc d'Aumale se dirigeant vers Gibraltar, accompagné de Mme la duchesse d'Aumale, du prince de Condé, du prince et de la princesse de Joinville, s'embarquait sur la corvette le *Solon* qui, deux mois plus tôt, emmenait Abd-el-Kader en exil.

La population d'Alger, douloureusement émue, assistait toute entière à ce poignant épilogue de la révolution de Février.

Au moment où le prince avait appris la chute du gouvernement de son père, avant même d'adresser à son armée la proclamation qu'on vient de lire, sa pensée s'était reportée vers son successeur, la veille encore son subordonné : il lui avait écrit la lettre suivante :

                      « Alger, 2 mars 1848.

« Général,

« Le *Moniteur* du 25 m'apprend votre nomination aux fonctions de gouverneur général de l'Algérie.

« Fidèle à mes devoirs de citoyen et de soldat, j'étais resté à mon poste tant que j'avais pu croire ma présence utile au service du pays. Aujourd'hui elle pourrait devenir un embarras.

« Soumis à la volonté nationale, j'aurai quitté demain la terre française.

« Je remets par intérim le commandement au général Changarnier. J'avais espéré combattre avec vous ici ou ailleurs pour la Patrie.

« Loin d'elle mon cœur reste français ; tous mes vœux seront pour son bonheur et pour sa gloire.

« H. D'ORLÉANS. »

Le général Cavaignac ne répondit point à cette lettre, dans laquelle M. le duc d'Aumale lui remettait avec tant de dignité et de grandeur le gouvernement de l'Algérie.

La situation était délicate sans doute. Le successeur du prince pouvait mieux faire cependant que de s'incliner silencieusement devant une grande infortune.

Cavaignac était un esprit trop supérieur

pour partager les rancunes de son parti ; il savait d'ailleurs avec quelle bienveillance le duc d'Aumale avait fait valoir ses titres auprès du gouvernement du roi. Quelques semaines plus tôt, en effet, il le remerciait ainsi d'avoir sollicité pour lui le grade de lieutenant-général.

« Oran, 4 février 1848.

« MONSEIGNEUR,

« V. A. R. veut bien m'exprimer ses regrets d'avoir éprouvé une déception en ce qui me concerne personnellement.

« Je remercie V. A. R. et du regret en lui-même et des termes affectueux dans lesquels elle veut bien me l'exprimer.

« Je compte de la manière la plus absolue sur son intérêt.

« J'eusse été heureux, sans doute, de recevoir dès à présent et à propos des derniers événements, la récompense de mes services et un témoignage nouveau des bontés du roi.

« Mais j'ai la confiance que le moment approche et dans la circonstance où je me trouve, V. A. R. peut rester convaincue qu'il m'est facile d'attendre.

« Veuillez agréer, Monseigneur, l'assurance de mon respectueux dévouement.

« *Signé* : CAVAIGNAC. »

Dès le 3 mars le commandant intérimaire de la province d'Oran recevait le gouvernement de l'Algérie de ceux qui venaient de s'emparer du pouvoir, et il n'osait presser la main que le prince lui tendait sur le seuil de l'exil.

Cavaignac comprenait sans doute, à ce moment, qu'en exprimant à son prédécesseur tous les regrets que lui causait sa disgrâce imméritée, il condamnerait le régime qu'il avait accepté de servir.

Nous ne saurions expliquer autrement son silence.

Le nouveau gouverneur général avait l'âme trop élevée pour éprouver d'autres sentiments, et une trop grande expérience de la vie pour ne pas s'attendre à subir lui-même un jour

« ces prodiges d'inconstance et d'ingra-
titude où se complaît la France moderne, à
l'égard des princes, quand ils sont libéraux,
et des hommes supérieurs quand ils sont hon-
nêtes. » (Montalembert. Extrait d'un article
sur le général de Lamoricière.)

FIN

TABLE DES MATIÈRES

Pages.

BIBLIOTHÈQUE CHOISIE

NE CONTENANT QUE DES OUVRAGES IRRÉPROCHABLES
POUVANT ÊTRE MIS DANS TOUTES LES MAINS

A

AIMARD (GUSTAVE)

	fr. c.
Les Bandits de l'Arizona. 1 vol. in-12	3 »

ALAIN DE LA ROCHE

| Le Page de la duchesse Anne. 1 vol. in-12. . . . . . . | 2 » |

ANROSAY (PAUL D')

| Les Montrépan. 1 vol. in-12. . . . . | 3 » |

ARMOISES (OLIVIER DES)

Les Deux Brigitte. 1 vol. in-12.	2 »
Benoite. 1 vol. in-12	2 »
La Libre pensée. 1 broch. in-8.	» 60
Le Divorce. 1 broch. in-8	» 60
Le Prêtre. 1 broch. in-8.	» 60

ARVOR (GABRIELLE D')

| Dent pour dent. 1 vol. in-12. . . . . | 2 » |

AUDEVAL (HIPPOLYTE)

Le Drame des Champs-Élysées. 1 vol. in-12.	2 »
La Dame guerrière. 1 vol. in-12.	2 »
La Grande Ville. 1 vol. in-12.	3 »

AURGEL (G. D')

| Roger de Perny. 1 vol. in-12 . . . . | 2 » |

B

BALLACEY (HENRI)

| L'Antre des Mystères. 1 vol. in-12. . . . . | 2 » |
| Raphaëla (suite de l'Antre des Mystères). 1 vol. in-12 . . | 2 50 |

BALLEYDIER (Alphonse)

	fr. c.
Veillées de famille. 1 vol. in-12.	2 »
Veillées de vacances. 1 vol. in-12	2 »
Veillées du peuple. 1 vol. in-12.	2 »
Veillées du presbytère. 1 vol. in-12.	2 »
Veillées maritimes. 1 vol. in-12	2 »
Veillées militaires. 1 vol. in-12.	2 »

BARRY (Dr A.)

La Fiancée du capitaine Merle. 1 vol. in-12.	2 »

BARTHÉLEMY (A. de)

Jacques de Morangeais. 1 vol. in-12.	2 50
L'Affiquet de la marquise. 1 vol. in-12.	2 50
Le Double Louis d'or. 1 vol. in-12.	2 »

BARTHÉLEMY (Charles)

Voltaire et Rousseau jugés l'un par l'autre. 1 vol. in-12 .	2 »
Erreurs et mensonges historiques. 16 vol. in-12. (Voir le détail pages 21 et suivantes.)	32 »
Chaque volume se vend séparément	2 »

BEUGNY-D'HAGERUE (G. de)

Lucy. 1 vol. in-12.	3 »
Touriste et Pèlerin. 1 vol. in-12	1 50

BOUILLY (J.-N.)

Contes à ma fille. 1 vol. in-12	2 »

BOURZEIS (Honoré de)

Les Deux Pères. 1 vol. in-12	»

BUET (Charles)

Le Crime de Maltaverne. 1 vol. in-12	3 »
Les Rois du Pays d'or. 1 vol. in-12	3 »
Les Chevaliers de la Croix-Blanche. 1 vol. in-12.	3 »
L'Honneur du nom. 1 vol. in-12	3 »
Philippe Monsieur. 1 vol. in-12	3 »
Le Maréchal de Montmayeur. 1 vol. in-12.	3 »
Hauteluce et Blanchelaine. 1 vol. in-12.	3 »

<table>
<tr><td></td><td></td><td>fr. c.</td></tr>
<tr><td>François le Balafré. 1 vol. in-12.</td><td></td><td>3 »</td></tr>
<tr><td>La Dame Noire de Myans. 1 vol. in-12.</td><td></td><td>2 »</td></tr>
</table>

BUSSEROLLE (LOUIS DE)

Les Deux vallées. 1 vol. in-12. . . . . 2 »

C

CABALLERO (FERNAN)

La Mouette. 2 vol. in-12.. . . . . 4 »

CANTEL

Le Roi Polycarpe. 1 vol. in-12. . . . . 3 »

CARPENTIER (EM.)

Les Jumeaux de Lusignan. 1 vol. in-12. . . . . . . 2 »
Mémoires de Barbe-Bleue. 1 vol. in-12. . . . . . . 2 »
Les Vaillants cœurs. 1 vol. in-12. . . . . 2 »

CASSAN (Mme MARIE)

Les Jeudis de Germain et de Marinette. 1 vol. in-12. . 2 »
Comment on devient millionnaire. 1 vol. in-12. . . . 3 »

CAUVIN (JULES)

Les Proscrits de 93. 1 vol. in-12 . . . . 3 »

CHANDENEUX (CLAIRE DE)

Les Ronces du chemin. 1 vol. in-12. . . . . 2 »
Les Terreurs de lady Suzanne. 1 vol. in-12. . . . . 3 »
Val-Regis la Grande. 1 vol. in-12. . . . . 3 »
Vaisseaux brûlés. 1 vol. in-12. . . . . 3 »
Cléricale. 1 vol. in-12. . . . . 3 »
La Vengeance de Geneviève. 1 vol. in-12. . . . . . 3 »

CHATEAUBRIAND

Études historiques, suivies du Voyage en Amérique. 1 vol.
  in-12. . . . . 2 »
Le Génie du Christianisme, édition revue. 1 vol. in-12. . 2 »
Itinéraire de Paris à Jérusalem, édition revue. 1 vol. in-12. 2 »
Les Martyrs, édition revue. 1 vol. in-12. . . . . . 2 »

CHAUVIERRE (Patrice)

fr. c.

Oronoko. 1 vol. in-12 . . . .   2 »

CHAUVIGNÉ (A. de)

Recueil dramatique pour jeunes gens. 1 vol. in-12. . .   3 50
Théâtre de jeunes filles. 1 vol. in-12. . . . .   3.50

CHEVÉ

Histoire complète de la Pologne. 2 vol. in-12. . . . .   4 »

COOPER (Fenimore)

ÉDITION CORRIGÉE

Le Cratère ou le Robinson américain. 1 vol. in 12. . .   2 »
Le Corsaire rouge. 1 vol. in-12. . . . .   2 »
Le Dernier des Mohicans. 1 vol. in-12. . . . .   2 »
L'Écumeur de mer. 1 vol. in-12. . . . .   2 »
Le Lac Ontario. 1 vol. in-12. . . . .   2 »
Les Pionniers. 1 vol. in-12. . . . .   2 »
La Prairie. 1 vol. in-12. . . . .   2 »
Le Tueur de daims. 1 vol. in-12 . . . .   2 »

CORDIER (Alphonse)

A travers la France, l'Italie, la Suisse et l'Espagne. 1 vol.
   in-12.   2 »
Aventures d'une mouche. 1 vol. in-12. . . . .   2 »
Madame Élisabeth de France, ses vertus, son martyre.
   1 vol. in-12. . . . .   2 »

CROLLALANZA (G. de)

Les Compagnons de la chausse. 1 vol. in-12. . . . . .   3 »

D

DARCHE (Jean)

Feminiana. 1 vol. in-12. . . . .   2 50

DAVID (L'ABBÉ)

fr. c.

Petites études sur les Livres saints. 1 vol. in-12 . . . . 2 »

DELMAS (JULES)

La Neuvième croisade. 1 vol. in-12 . . . . 3 »

Γ · YS (CHARLES)

La Balle d'Iéna. 1 vol. . . . . 2 »
L'Ami du village (Maître Guillaume). 1 vol. in-12 . . . 2 »
Le Blessé de Gravelotte. 1 vol. in-12. . . . . 2 »

DES PREZ DE LA VILLE-TUAL (Mme)

La Femme d'un avocat. 1 vol. in-12 . . . . 1 50

DEVOILLE (A.)

Abeli. 1 vol. in-12. . . . . 2 »
Andréas ou le Prêtre soldat. 1 vol. in-12 . . . . . . 2 »
Apostats et Martyrs. 1 vol. in-12 . . . . 2 »
L'Astre du soir. 1 vol. in-12 . . . . 2 »
La Bohémienne. 1 vol in-12 . . . . 2 »
Le Cercle de fer. 1 vol. in-12 . . . . 2 »
La Charrue et le Comptoir. 1 vol. in-12. . . . . . . 2 »
Le Château de Maîche. 1 vol. in-12 . . . . 2 »
La Cloche de Louville. 1 vol. in-12 . . . . 2 »
Les Croisés. 2 vol. in-12. . . . . 4 »
La Croix du Sud. 1 vol. in-12 . . . . 2 »
La Dame de Châtillon. 1 vol. in-12 . . . . 2 »
Déception. 1 vol. in-12. . . . . 2 »
Les Deux Lyonnais. 1 vol. in-12. . . . . 2 »
Les Deux ombres. 1 vol. in-12 . . . . 2 »
Échos de ma lyre. 1 vol. in-12 . . . . 2 »
L'Enfant de la Providence. 1 vol. in-12. . . . . . . 2 »
L'Étoile du matin. 1 vol. in-12 . . . . 2 »
L'Exilée. 1 vol. in-12. . . . . 2 »
La Fiancée de Besançon. 2 vol. in-12 . . . . 4 »
Le Fruit de l'arbre. 1 vol. in-12 . . . . 2 »
Iréna, la vierge lyonnaise. 2 vol. in-12 . . . . . . 4 »
Lucie de Poleymieux. 1 vol. in-12 . . . . 2 »
Mémoires d'un ancien serviteur. 1 vol. in-12 . . . . 2 »

	fr. c.
Mémoires d'un curé de campagne. 1 vol. in-12	2 »
Mémoires d'un vieux paysan. 1 vol. in-12	2 »
Mémoires d'une mère de famille. 1 vol. in-12	2 »
L'Œil d'une mère. 1 vol. in-12	2 »
Les Ouvriers. 1 vol. in-12	2 »
Le Parjure. 1 vol. in-12	2 »
Le Paysan soldat. 1 vol. in-12	2 »
La Prisonnière de la tour. 1 vol. in-12	2 »
Les Prisonniers de la Terreur. 1 vol. in-12	2 »
Le Proscrit. 1 vol. in-12	2 »
Le Rendez-vous de famille. 1 vol. in 12	2 »
Le Renégat. 1 vol. in-12	2 »
Le Sac de Rome. 1 vol. in-12	2 »
Le Siège de Paris. 1 vol. in-12	2 »
Le Solitaire de l'île Barbe. 1 vol. in-12	2 »
Les Suites d'un caprice. 1 vol. in-12	2 »
Le Terroriste. 1 vol. in-12	2 »
La Tour de France. 1 vol. in-12	2 »
La Tricoteuse de 1793. 2 vol. in-12	4 »
Un Intérieur. 2 vol. in-12	4 »
Un Rêve. 1 vol. in-12	2 »
Vengeance. 2 vol. in-12	4 »

DIDIER (ÉDOUARD)

La Petite Modeste. 1 vol. in-12	2 »

DROHOJOWSKA (Mme)

Les Faux visages. 1 vol in-12	2 »

DUBOIS (CHARLES)

Sophie. 1 vol. in-12	3 »

DU CAMPFRANC (M.)

Yves Trévirec. 1 vol. in-12	2 »
La Mission de Marguerite. 1 vol. in-12	2 »
Rêve et Réveil. 1 vol. in-12	2 »
Edith. 1 vol. in-12	2 »

DU MESNIL (Vte H.)

Petite Grand'mère. 1 vol. in-12	2 »

DU VALLON (GEORGES)

	fr. c.
Nathalie Koumiarof. 1 vol. in-12.	2 »
Chez les Magyars. 1 vol. in-12.	2 »
Libre penseuse !... 1 vol. in-12.	2 »

E

ÉNAULT (LOUIS)

La Circassienne. 2 vol. in-12.	6 »

ESSARTS (ALF. DES)

Le Roman d'un vieux garçon. 1 vol. in-12	3 »

EXAUVILLEZ (B. D')

Histoire de l'abbé de Rancé, réformateur de la Trappe. 1 vol. in-12.	2 50

F

FLEURIOT (Mlle ZÉNAÏDE)

Aigle et Colombe. 1 vol. in-12.	3 »
Histoires pour tous. 1 vol. in-12.	2 »
Les Mauvais jours. 1 vol. in-12.	2 »

FLEURIOT-KÉRINOU (F.)

Fleurs et Rochers. 1 vol. in-12.	2 »

FOE (DANIEL DE)

Aventures de Robinson Crusoé. 1 vol. in-12.	2 »

FONTENELLES (JACQUES DE)

Le Baron de Kœnig. 1 vol. in-12.	2 »

FRANCO (LE R. P. JOSEPH)

Trois nouvelles. 1 vol. in-18.	1 75

G

GIRON (Aimé

fr. c.

La Béate. 1 vol. in-12. . . . . 3 »
Les Lurons de la Ganse. 1 vol. in-12. . . . . 3 »
Le Manoir de Meyrial. 1 vol. in-12. . . . . 3 »

GODINEAU (Abbé Fréd.)

Perles et Joyaux spirituels pour les jeunes personnes.
  1 vol. in-16. 2 »

GONDRY DU JARDINET

La Vierge de Walcourt. 1 vol. in-18. . . . . » 60

GOURAUD (Mlle Julie)

Esquisses morales. 1 vol. in-18. . . . . 1 75

GRANGE (Jean)

Histoire d'un jeune homme. 1 vol. in-12. . . . . . . 3 »
Ville et Village. 1 vol. in-12. . . . . 3 »
Le Trésor du souterrain. 1 vol. in-12 . . . . 2 »
Les Révélations d'un sacristain. 1 vol. in-12. . . . 2 »
La Justice du duc de Brunswick. 1 vol. in-18. . . . . 1 25
Journal d'un ouvrier. 1 vol. in-12. . . . . 2 »
Notes d'un commis-voyageur. 1 vol. in-12. . . . . . . 2 »

GUERRIER DE HAUPT (Mlle Marie)

Un Châtelain au XIXe siècle. 1 vol. in-12. . . . . . 2 »
Le Roman d'un athée. 1 vol. in-12. . . . . 3 »
Le Trésor de Kermerel. 1 vol. in-12. . . . . 3 »

H

HANN-HANN (Ctesse Ida de)

Quatre portraits. 1 vol. in-18. . . . . 1 75

HELHEM (C.)

Madame de Marnay. 1 vol. in-12. . . . . 3 »
Le Bonheur de la Vicomtesse. 1 vol. in-12. . . . . . 3 »

HERMEREL (Séraphie d')

fr. c.

Loisirs des Casseaux. 1 vol. in-18. . . . .   1 50

J

JOUSSE (Gustave)

Vive la France! 1 vol. in-12. . . . .   2 »

K

KARR (Th.-Alphonse)

Souvenirs d'hier et d'autrefois. 1 vol. in-12. . . . . . .   2 »

KERLYS (Jean de)

Les Enfants d'Ernée. 1 vol. in-12. . . . .   2 »

T. F. 1 vol. in-12. . . . .   2 »

KERNAC (Éliane de)

Sylvinette. 1 vol. in-12. . . . .   2 »

L

LABUTTE

Entretiens populaires sur l'histoire de France. 1 v. in-12.   2 »

LACHÈSE (Mlle Marthe)

Lucienne. 1 vol. in-12.   3

Le Mariage de Renée. 1 vol. in-12. . . . .   3 »

Maître Le Tianec. 1 vol. in-12. . . . .   3 »

LALAING (Ed. de)

L'Interne du Val-de-Grâce. 1 vol. in-12. . . . .   2 50

LAMOTHE (A. de)

Les Camisards, suivis des Cadets de la Croix. 3 vol. in-12.
    illustrés. . . . .   6 »

Les Faucheurs de la Mort. 2 vol. in-12. . . . . . .   4 »

     Idem.   1 vol. gr. in-8 illustré. . .   4 50

**

	fr. c.
Les Martyrs de la Sibérie. 4 vol. in-12, illustrés. . . .	8 »
Histoire d'une Pipe. 2 vol. in-12, illustrés.	4 »
Marpha. 2 vol. in-12.	4 »
Les Soirées de Constantinople. 1 vol. in-12.	2 50
Histoire populaire de la Prusse. 1 vol. in-12.	1 50
Les Mystères de Machecoul. 1 vol. in-12.	2 »
Le Gaillard d'arrière de la Galathée. 1 vol. in-12. . . .	2 »
Légendes de tous pays. Les Animaux. 1 vol. in-12, illustré de 100 gravures.	3 »
Mémoires d'un déporté à la Guyane française. 1 vol. in-18.	» 60
L'Orpheline de Jaumont. 1 vol. in-12.	3 »
Le Taureau des Vosges. 1 vol. in-12.	2 50
Aventures d'un Alsacien prisonnier en Allemagne. 1 vol. in-12.	2 »
Journal de l'Orpheline de Jaumont. 1 vol. in-12. . . .	1 50
L'Auberge de la Mort. 1 vol. in-12.	2 50
La Reine des Brumes et l'Emeraude des Mers. 1 v. in-12.	3 »
Les Métiers infâmes. 1 vol. in-12.	3 »
Le Roi de la Nuit. 2 vol. in 12.	5 »
Les Compagnons du Désespoir. 3 vol. in-12.	6 »
Pia la San Pietrina. 2 vol. in-12.	5 »
Les Fils du Martyr. 1 vol. in-12.	2 50
Les Deux Romes. 1 vol. in-12.	3 »
Le Proscrit de Camargue. 1 vol. in-12.	3 »
La Fille du Bandit. 1 vol. gr. in-8, de 800 pages, illustré de 500 gravures.	10 »
Le Secret du Pôle. 1 vol. in-12.	3 »
Le Cap aux Ours. 1 vol. in-12.	3 »
Le Fou du Vésuve. 1 vol. in-12.	3 »
Les Secrets de l'Océan.	
1re partie : Le Capitaine Ferragus. 1 vol. in-12.	3 »
2e partie : Fleur des Eaux. 1 vol. in-12.	3 »
A travers l'Orient : de Marseille à Jérusalem. 1 vol. in-12.	3 »
Fœdora la Nihiliste. 1 vol. in-12.	3 »
Nadiége, roman sur le Nihilisme. 1 vol. in-12.	3 »
Le Puits sanglant (épisode de la Michelade à Nîmes). 1 vol. in-12.	3 »
Patrick O'Byrn. 1 vol. in-12.	2 »

	fr. c.
Les Secrets de l'Equateur. 1 vol. in-12.	3 »
Flora chez les Nains (suite des **Secrets de l'Equateur**). 1 vol. in-12	3 »
Quinze mois dans la lune. 1 vol. in-12.	3 »
Les Métamorphoses du citoyen préfet Tartarin Gribouille. 1 vol. in-12.	2 »

LANDER (JEAN)

| Marguerites en fleurs. 1 vol. in-18 . . . . | 1 75 |

LANGLET (HENRIETTE)

| Cécilia. 2 vol. in-12. . . . . | 4 » |
| Viart-Bois. 1 vol. in-12. . . . . | 3 » |

LANGLOIS (HIPPOLYTE)

| Jean le Solognot. 1 vol. in-12. . . . . | 3 » |

LASSERRE (HENRI)

| Les Serpents. 1 vol. in-12. . . . . | 1 75 |

LATOUR (Cte DE)

| Les Tolnay. 1 vol. in-18. . . . . | 1 75 |

LE BOURGEOIS (Mlle MARIE)

| La Goutte de miel. 1 vol. in-12. . . . . | 3 » |

LEPAGE (A.)

| Les Boutiques d'esprit. 1 vol. in-12. . . . . | 3 50 |

LE PRÉVOST (MAURICE)

| Les Misérables d'autrefois. 1 vol. in-12 . . . . | 2 » |
| Annuaire des œuvres de jeunesse et de patronage. 1 vol. in-12 . . . . | 3 » |

LEROC-DUSSAINT

| Le Château de l'Ours. 1 vol. in-12. . . . . | 2 » |

LOISEAU DU BIZOT

| Veillées amusantes 1 vol. in-12. . . . . | 2 » |

LOYSEAU (Jean)

	fr. c.
Trop Belle. 2 vol. in-12.	5 »
Bas les masques. 1 vol. in-12.	2 »
Rose Jourdain. 2 vol. in-12.	4 »
Les Bons apôtres. 1 vol. in-12.	2 »
Les Noces d'or de Jupiter. 1 vol. in-12.	1 »

M

MANZONI (Alexandre)

Les Fiancés, édition Max Desnoyers. 1 vol. in-12.	2 »

MARCEL (Étienne)

L'Argent et l'Honneur. 1 vol. in-12.	2 »
Le Vol de Colombes. 1 vol. in-12.	2 »
Un Monarque au Violon. 1 vol. in-12.	2 »
Triomphes de femmes. (Les Anges du foyer.) 1 vol. in-12.	3 »
Jeanne d'Aurelles. 1 vol. in-12.	2 »
Les Jours sanglants. 1 vol. in-12.	2 »
L'Héritage de Mme Heette. 1 vol. in-12.	2 »
Un Chercheur d'or. 1 vol. in-12.	2 »

MAR HAL (Charles)

Les Philosophes convertis. 1 vol. in-12	3 »

MARÉCHAL (Mlle Marie)

Béatrix. 1 volume in-12.	3 »
Une institutrice à Berlin. 1 vol. in-12.	3 »
La Fin d'un roman (suite de l'Institutrice à Berlin). 1 vol. in-12.	3 »
Le Journal d'une âme en peine. 1 vol. in-12.	3 »
Le Mariage de Nancy. 1 vol. in-12.	2 50
La Famille Tolozan. 1 vol. in-12.	3 »
Les Aventures de Jean-Paul Riquet. 1 vol. in-12.	3 »
Le Parrain d'Antoinette. 1 vol. in-12.	3 »
La Pupille d'Hilarion. 1 vol. in-12.	3 »
La Cousine de Lionel. 1 vol. in-12.	3 »

LIBRAIRIE DE BLÉRIOT ET GAUTIER

A. DE LAMOTHE

Les Camisards, suivis des Cadets de la Croix. 3 vol. in-12 illustrés . . . 6 »

Les Faucheurs de la Mort. 2 vol. in-12. . . . . 4 »

Les Faucheurs de la Mort. 1 vol. gr. in-8 illustré. 4 50

Les Martyrs de la Sibérie. 4 vol. in-12 illustrés . . . . 8 »

Histoire d'une Pipe. 2 vol. in-12 illustrés . . . . 4 »

Marpha. 2 vol. in-12 . . . . 4 »

Les Soirées de Constantinople. 1 vol. in-12 . . . . 2 50

Histoire populaire de la Prusse. 1 vol. in-12. . . . . 1 50

Les Mystères de Machecoul. 1 vol. in-12. . . . . 2 »

Le Gaillard d'arrière de la Galathée. 1 vol. in-12. . . . . 2 »

Légendes de tous pays. Les Animaux. 1 vol. in-12 illustré de 100 gravures 3 »

Mémoir d'un déporté à la Guyane française. 1 vol. in-18. . . . » 60

L'Orpheline de Jaumont. 1 v. in-12. 3 »

Le Taureau des Vosges. 1 vol. in-12. 2 50

Aventures d'un Alsacien prisonnier en Allemagne. 1 vol. in-12. . . . 2 »

Journal de l'Orpheline de Jaumont 1 vol. in-12. . . . . 1 50

L'Auberge de la Mort. 1 vol. in-12. . 2 50

La Reine des Brumes et l'Émeraude des Mers. 1 vol. in-12. . . . . 3 »

Les Métiers infâmes. 1 vol. in-12. 3 »

Le Roi de la nuit. 2 vol in-12 . . 5 »

Les Compagnons du désespoir. 3 vol. in-12. . . . . 6 »

Pia la San Pietrina. 2 vol. in-12. . 5 »

Les Fils du Martyr. 1 vol in-12. . 2 50

Les Deux Romes. 1 vol. in-12 . . 3 »

Le Proscrit de Camargue. 1 v. in-12. 3 »

La Fille du Bandit. 1 vol. gr. in-8 de 800 pages, illustré de 500 gravures. 10 »

Le Secret du Pôle. 1 vol. in-12. . . 3 »

Le Cap aux Ours, 1 vol. in-12. . 3 »

Le Fou du Vésuve. 1 vol. in-12. 3 »

Les Secrets de l'Océan
  1re série : Le Capitaine Ferragus. 1 vol. in-12. . . . . 3 »
  2e série : Fleur des Eaux. 1 vol. in-12. . . . . 3 »

A travers l'Orient : de Marseille à Jérusalem. 1 vol. in-12 . . . 3 »

Fœdora la Nihiliste. 1 vol. in-12. 3 »

Nadiége, roman sur le Nihilisme. 1 vol. in-12. . . . . 3 »

Le Puits sanglant (épisode de la Michelade à Nîmes). 1 vol. in-12. . 3 »

Patrick O'Byrn. 1 vol. in-12. . . 2 »

RAOUL DE NAVERY

Les Idoles. 1 vol. in-12. . . . . 3 »

Les Drames de la misère. 2 vol. in-12. . . . . 6 »

Patira. 1 vol. in-12. . . . . . . 3 »

Le Trésor de l'abbaye (suite de Patira). 1 vol. in-12. . . . . 3 »

Jean Canada (suite du Trésor de l'abbaye). 1 vol. in-12. . . . . 3 »

Le Pardon du moine. 1 vol. in-12. 3 »

Zacharie le maître d'école. 1 vol. in-12. . . . . 2 »

Les Chevaliers de l'écritoire. 1 vol. in-12. . . . . 3 »

Les Parias de Paris. 2 vol. in-12 6 »

Les Héritiers de Judas. 1 vol. in-12 3 »

Le Juif Ephraïm. 1 vol. in-12. . . 3 »

Parasol et Cie. 1 vol. in-12. . . . 3 »

La Route de l'abime. 1 vol. in-12. 3 »

Le Cloître rouge. 1 vol. in-12. . . 3 »

La Maison du Sabbat. 1 vol in-12. 2 »

La Foie jurée. 1 vol. in-12. . . . 3 »

La Cendrillon du village. 1 vol. in-12. . . . . 2 »

La Fille au Coupeur de paille. 1 vol. in-12. . . . . 2 »

Le Capitaine aux mains rouges. 1 vol. in-12. . . . . 2 »

L'Odyssée d'Antoine. 1 vol. in-12. 2 »

Le Marquis de Pontcallec. 1 vol. in-12. . . . . 3 »

La Conscience. 1 vol. in-12. . . . 2 »

L'Aboyeuse. 1 vol. in-12. . . . . 2 »

La Péruvienne. 1 vol. in-12. . . . 3 »

L'Accusé. 1 vol. in-12. . . . . . 3 »

La Fille sauvage. 1 vol. in-12. . . 3 »

Les Robinsons de Paris. 1 vol. in-12 3 »

Le Gouffre. 1 vol. in-12. . . . . 3 »

Poèmes populaires. 1 vol. in-12. . 2 »

Le Château des Abimes. 1 vol. in-12. . . . . 3 »

L'Enfant maudit. 1 vol. in-12. . . 2 »

Madame de Robur. 1 vol. in-12. . 2 »

Les Petits. 1 vol. in-12. . . . . . 2 »

La Demoiselle du paveur. 1 vol. in-12. . . . . 2 »

Le Procès de la Reine. 1 vol in-12. 2 »

Les Victimes. 1 vol. in-12. . . . . 3 »

La Femme d'après saint Jérôme. 1 vol. in-12. . . . . 2 »

Divorcés. 1 vol. in-12. . . . . . . 2 »

Le Moulin des Trépassés. 1 vol. in-12. . . . . 2 »

La Boîte de Plomb. 1 vol. in-12. . 3 »

Le Martyre d'un père. 1 vol. in-12. 3 »

Le Magistrat. 1 vol. in-12. . . . . 3 »

Une Erreur fatale. 1 vol. in-12 . . 3 »

Le Naufrage de Lianor. 1 vol. in-12. . . . . 3 »

Paris. — Imp. de l'Étoile, Boudet, directeur, rue Cassette, 1.